Social Media Marketing

Das Online Marketing Buch, das dir zeigt, wie du erfolgreiches Social Media Marketing anwendest, um dein Angebot als Unternehmen oder Selbstständiger zu verkaufen.

Max Mittelstaedt & Paul Hänsel

MP CONSULTING
ONLINE MARKETING

Inhaltsverzeichnis

Abbildungsverzeichnis

Einleitung

Social Media bietet viele Möglichkeiten, erfolgreich zu werden. Egal ob für Unternehmen, oder für Privatpersonen – die sozialen Netzwerke haben ungewöhnlich hohes Potenzial. Influencer zu sein – das ist heutzutage der Traumberuf vieler Jugendlicher! Doch was sind die sozialen Medien überhaupt, was bedeutet es, Influencer zu sein und wie kann man sich, sein Produkt und die Marke, die man verkörpert, richtig darstellen? Als Influencer wirbt man oft nicht für eine bestimmte Marke. Man ist die Marke. Und wenn man dies erstmal geschafft hat, ist man auf dem besten Weg, ein erfolgreiches Business mit Social Media aufzubauen.

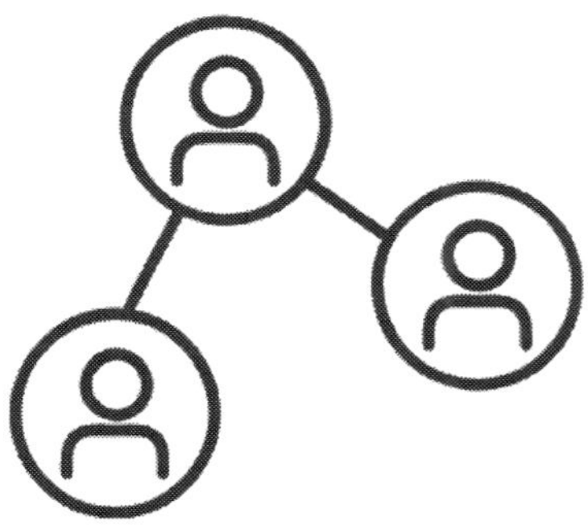

Um dieses erfolgreiche Business aufzubauen und den Erfolg zu erhalten, ist auf Social Media vor allem Eines notwendig: soziale Interaktion. Doch wie kann diese erreicht werden, auf was muss man als Influencer achten und welche Fallstricke gibt es in den Algorithmen der verschiedenen Social-Media-Plattformen?

Nach einer grundlegenden Definition, was Social Media eigentlich ist, wird erklärt, was sich hinter dem Virtual Storytelling versteckt und warum ein ergreifendes Geschichtenerzählen für Social Media so wichtig ist. Auf die Grundlagen des richtigen SEO, der Suchmaschinenoptimierung, wird ebenso eingegangen, wie auf die Grundlagen des Marketings.

Verschiedene Plattformen, wie Instagram, YouTube, TikTok und Facebook, werden detailliert vorgestellt, die Funktionen und Grundlagen werden erläutert und die Vorteile und Möglichkeiten dargestellt, was ein Influencer oder ein ambitioniertes Unternehmen erreichen kann.

Die Vorteile verschiedener E-Commerce-Plattformen und des eigenen Online Shops werden abschließend kurz erläutert und das Handling wird erklärt.

Dieses Buch bildet also einen Rundumschlag über Social-Media-Marketing und was es bedeutet, ein Influencer zu sein. Es stellt heraus, warum sich auch Unternehmen mit dem Marketing auf Pinterest, Instagram und Co. auseinandersetzen sollten und bietet eine umfassende Anleitung für den Start der eigenen (Influencer-) Karriere. Es ist eine Übersicht und keine komplette Anleitung. Wenn du dich nach diesem Buch für eine Plattform besonders interessierst, empfehlen wir dir, dort noch tiefer einzusteigen. Auf unseren Autorenprofil werden die kommenden Monate neue Bücher über Social Media erscheinen, in denen wir auch die einzelnen Plattformen genauer vorstellen werden.

Social Media – Was ist das?

Abbildung 1: Social Media Must Have

Bevor ich tiefer in die Thematik Marketing in den sozialen Medien einsteige, möchte ich einmal kurz klären, was heutzutage unter „Social Media" verstanden wird. Die meisten Leute hatten in ihrem bisherigen Leben schon Berührungspunkte mit Social Media. Heutzutage ist dies nahezu unabdingbar und vor allem Jugendliche und junge Erwachsene gehören bereits zu der Generation, die mit Facebook und Instagram aufgewachsen ist.

Social Media ist aber noch viel mehr als Instagram oder Facebook. Laut Definition versteht sich hierunter: *die Gesamtheit der digitalen Technologien und Medien, wie Blogs, Wikis, soziale Netzwerke und ähnliches, über die Nutzer miteinander kommunizieren und Inhalte austauschen können.*

Es handelt sich also um einen Überbegriff über all die Plattformen, auf denen Erfahrungen, Meinungen, Eindrücke und Informationen angeboten und gesammelt werden können. Foren gehören hier genauso dazu wie Twitter, Tumblr, Facebook, LinkedIn, Instagram, Snapchat, YouTube, TikTok und Pinterest.

Diese Liste ist natürlich noch längst nicht vollständig und wird ständig durch neue Apps und Portale erweitert, die sich in die sozialen Medien einordnen lassen.

Ein zentrales Merkmal von Social Media ist es, dass Nutzer miteinander interagieren können und eine rege Kommunikation möglich ist. Unter den erstellten Inhalten, dem sogenannten „Content", gibt es zumeist die Kommentar-Funktion, wo jeder, der auf der Plattform angemeldet ist, einen öffentlich sichtbaren Kommentar hinterlassen kann. Der Nutzer konsumiert also nicht mehr nur die Inhalte, sondern interagiert mit ihnen. Er kann sie teilen, liken und kommentieren.

Dabei sind die Nutzer der sozialen Netzwerke nicht mehr nur Jugendliche und Privatpersonen. Auch ältere Männer und Frauen nutzen aktiv Social Media und selbst für Unternehmen sind die Netzwerke zu einer beliebten und erfolgversprechenden Werbeplattform geworden. Dementsprechend wollen immer mehr Menschen ihr Geld mit Social Media verdienen.

Marketing in Social Media

Interessant ist das Werben in den sozialen Netzwerken unter anderem auch deshalb, da dort sehr detailliert eine bestimmte Zielgruppe angesprochen werden kann. Durch das Vermischen von Werbung und Content und die spezielle Aufbereitung von Werbe-Posts oder Werbe-Videos, werden diese für deine Zielgruppe genauso interessant, wie reine Content-Posts. Die Nutzer sehen sich diese Werbung nicht nur freiwillig, sondern auch gerne an. Gerade durch die Darstellung von Influencern, die eine Marke, oder Produkte präsentieren können, ist das Werben auf Instagram und Co. für Unternehmen sehr interessant geworden.

Andererseits ist dies auch für die Influencer eine große Chance, die für die von ihnen getätigte Werbung bezahlt werden und somit über Social Media ihr Geld verdienen können.

Hater

Trotz allem hat auch Social Media negative Seiten, die einem bekannt sein sollten, bevor man mit dem Marketing in den sozialen Netzwerken beginnt. Es gibt je nach Plattform unterschiedliche Richtlinien, was erlaubt ist und auf was verzichtet werden sollte. Auch Imageschäden und sogenannte Shitstorms können verursacht werden, oftmals durch unbedachte Äußerungen oder ein Missverständnis hervorgerufen. Aber auch Hater, also Nutzer von Social Media, die ohne einen bestimmten Grund negativ über eine Person, ein Unternehmen, oder ein Produkt sprechen, können einen Imageschaden verursachen. Man sollte sich dieser Möglichkeit stets bewusst sein und sich von Vornherein einen klaren Plan erstellen, wie mit einer solchen Situation umgegangen werden soll.

Durch die Erstellung eines Handlungsplans und dem steten Bewusstsein, können einen die Hater-Kommentare weniger unvorbereitet treffen und statt emotional zu handeln und die Situation damit vielleicht noch zu verschlimmern, hilft der Plan dabei, die Situation souverän und schnell zu lösen und sich wieder den positiven Seiten von Social Media zuzuwenden.

Kein Social-Media-Profil, das nicht schon Opfer von Nörglern oder gar Hatern geworden ist. Wen es ganz hart trifft, der darf einen Shitstorm über sich ergehen lassen. Ein Erlebnis, das sich häufig auch in der Presse wiederfindet. Da leidet auch das größte Selbstvertrauen. Kaum ein Trost, dass das sehr häufig vorkommt. Wie geht man nun damit um?

Der Trick im Social Web besteht darin, eine Beziehung zum Nutzer aufzubauen, mit ihnen zu kommunizieren. Kommentare, die unter die Gürtellinie gehen, kommen aber nicht von Usern, die der Sache wegen kommunizieren wollen, sondern sie wollen wahrgenommen und herausgestellt werden. Daher diese Tipps:

- ✓ Hater nicht thematisieren, nicht überzeugen wollen.
- ✓ Haterkommentare nicht löschen. Toleranz zeigen.

- ✓ Inhaltlich auch negative Kommentare reflektieren und Verbesserungsbedarf erkennen.
- ✓ Sachlich und nüchtern bleiben.
- ✓ Haterkommentare zu löschen, bringt häufig weitere Kritiker auf den Plan. Daher einfach nach dem Motto vorgehen: Jeder darf sagen, was er denkt. Meist erledigen sich solche Angriffe dann von selbst.

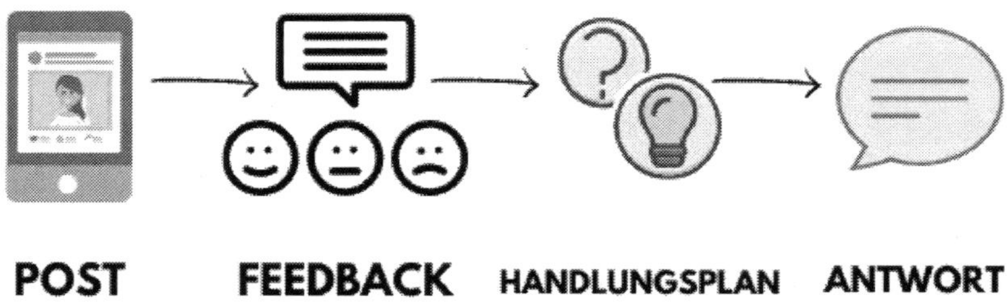

Abbildung 2: Handlungsplan in Social Media

Storytelling

Die Strategie, die hinter einem Social Media Account steht, ist prinzipiell frei wählbar. Man kann sich beispielsweise, wenn man auf Instagram unterwegs ist, dazu entscheiden, nur über die Storys mit seinen Followern zu kommunizieren. Oder man nutzt nur die Posting-Funktion und nutzt gleichzeitig noch YouTube als Video-Plattform. Dies bleibt vollkommen einem selbst, seinen Vorlieben und individuellen Fähigkeiten überlassen.

Doch egal für welche Form oder Plattform man sich entscheidet, es gibt einige grundlegende Regeln, an die man sich halten sollte, um schnelle und nachhaltige Erfolge zu erzielen.

Strategie

Um sich auf Social Media zu positionieren, muss man zuerst seine Zielgruppe kennen. Von welchen Menschen will man wahrgenommen werden, welchen Personen kann man selbst einen Mehrwert durch seinen Content bieten? Will man beispielsweise Schmink-Tutorials drehen, oder lieber eigene Fotografien präsentieren? Hiervon hängt das Format und auch die Wahl der Plattform ab, auf der man sich bewegt.

Abbildung 3: Empathy Map

Zum Beispiel mithilfe einer sogenannten "Empathy Map" lässt sich die eigene Zielgruppe definieren. Schreibe dir einfach zu jedem Feld Dinge auf, die deine Zielgruppe dir gegenüber äußert. So lernst du langfristig immer mehr über deine Zielgruppe und kannst sie auch umso besser ansprechen und erreichen.

Erstellte Ziele geben einem einen Weg vor, den man mit seinem Auftritt in Social Media verfolgt. Tut man es nur für sich selbst, als eine Art persönliches Tagebuch? Will man anderen Menschen etwas beibringen, dass man etwas besonders gut kann und ihnen damit Wissen vermitteln, oder möchte man einfach von möglichst vielen gesehen und gehört werden? All dies sind legitime Ziele und es gibt wahrscheinlich noch hundert Gründe mehr für einen Social-Media-Auftritt. Deshalb ist es nicht wichtig, welches Ziel verfolgt wird, aber umso wichtiger, dass man sein persönliches Ziel kennt und klar definiert.

Content, der eine Interaktion verlangt, wird die Bindung zur eigenen Community verstärken. Beispielsweise kann die regelmäßige Frage nach Kommentaren, den Followern klarmachen, dass man gerne ihre Meinung zu einem bestimmten Thema hören möchte. Veranstaltete Fragerunden, Mitmachaktionen, oder auch kleine Gewinnspiele steigern die Interaktion ebenfalls erheblich. Nur wenn man seine Community aktiv hält, kann aus dem „sozial" in Social Media auch wirklich eine Interaktion entstehen.

Geschichten erzählen

Genauso lang, wie es den Menschen gibt, werden bereits Geschichten erzählt. Begonnen in der Steinzeit durch Höhlenmalereien, über die wandernden Geschichtenerzähler am Lagerfeuer, bis hin zur heutigen Zeit, in der die Geschichten vom geschriebenen Wort immer mehr ins visuelle Storytelling übergehen – in das Erzählen von Geschichten mithilfe von Bildern und Videos.

Das Erzählen von Geschichten durch bewegte und statische Bilder:

- aktiviert Gehirnregionen, die darauf hindeuten, dass Geschichten als „direkt erlebt" empfunden werden,
- regt zum Mitfühlen und Erleben echter Emotionen an,
- sorgt für eine persönliche Verbindung zwischen Erzähler (Influencer) und Zuhörer (Follower),
- bietet kurzweiligen Unterhaltungswert, weshalb es weiterverbreitet wird,
- und bleibt durch die Verknüpfung mit Bild oder Video dem Zuhörer länger in Erinnerung.

Natürlich eignen sich Instagram und YouTube und seit Neuestem nun auch TikTok sehr gut zum Visual Storytelling, da diese Plattformen genau darauf ausgelegt sind. Und der Erfolg der Plattformen spricht für sich. Das Storytelling liegt derzeit voll im Trend.

Da Social Media eine sehr schnelllebige Welt ist, wird sich kaum jemand die Zeit nehmen, ausgedehnte Texte unter den Postings zu lesen. Die Geschichte, die man mit seinem Auftritt erzählen möchte, sollte also in kleine Teile zerlegt werden, die man mal hier, mal da einstreuen kann und die sich zu einem großen Ganzen zusammensetzen lassen. So wird der Follower in das Erzählen der Geschichte integriert und im besten Falle gelingt es, wie bei einem Roman, einen Spannungsbogen zu erzeugen, sodass die Community schon sehnsüchtig auf das nächste Häppchen der Geschichte wartet.

Hier sollte stets die Einzigartigkeit herausgestellt werden. Was hat man, was hat der eigene Kanal, das eigene Leben, oder auch das eigene Unternehmen zu bieten, das man der Welt erzählen möchte? Dabei ist, um eine hohe Interaktionsrate zu erzielen, vor allem eines wichtig: den Zuhörer, also den eigenen Follower, emotional zu berühren, seine Neugierde zu wecken, das Mitgefühl anzuregen und ihn zum Mitfiebern anzuregen.

Die Teilchen, aus denen die eigene Story aufgebaut ist, können beispielsweise als kleine Kurzgeschichten aufgebaut sein. Stellen wir uns beispielsweise einen jungen Influencer vor, der auf seinem Kanal davon berichtet, wie er eine Weltreise unternimmt. Hier könnten die Kurzgeschichten verschiedene Ausflugsorte sein, an denen er sich aufhält oder sie können über die Reisewege selbst handeln, über bestimmte Utensilien, die immer mit dabei sind, oder über Leute, die er auf dem Weg kennenlernt. Der rote Faden – oder eben das Gesamtbild der erzählten Geschichte – wird somit eingehalten und dennoch lebendig und abwechslungsreich gestaltet.

Bei einer Firma kann mithilfe des Visual Storytelling beispielsweise die Gründungsgeschichte erzählt werden. Hier ist es sehr wichtig, den Fokus nicht auf das zu legen, was verkauft wird, sondern darauf, *warum* man diese Firma – und genau diese Firma! – gegründet hat. Was waren die Beweggründe, was hat einen dazu gebracht? Gibt es Menschen, Geschehnisse, Erlebnisse, die einem die Motivation dazu geliefert haben? Was möchte man erreichen? Dies ist es, was den Follower emotional an einen Influencer oder ein Unternehmen bindet und dann im letzten Falle auch die Kaufbereitschaft erhöht.

Denn wenn man ein, wie auch immer aussehendes, emotionales Band zu einer Firma hat, ist der gemeine Konsument durchaus gewillt, mehr Geld für die Produkte auszugeben und regelmäßig dort einzukaufen.

Und das ist das erklärte Ziel, wenn man im Social-Media-Marketing unterwegs ist: Kundenbindung und Kundenvertrauen.

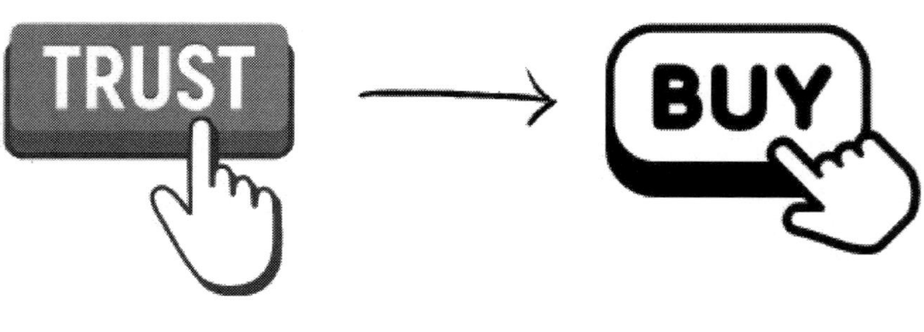

Vorbereitung zum Visual Storytelling

Bevor mit dem Erzählen einer Geschichte losgelegt werden kann, sollten einige grundlegende Punkte vorher abgeklärt werden. Wenn nicht alle der untenstehenden Punkte klar zu beantworten sind, sollte an den Problemstellen noch einmal genauer gearbeitet werden. Es gilt zu überlegen, wie und ob eine Verbesserung möglich ist, sodass das bestmögliche Ergebnis herausgeholt werden kann. Nur nicht verunsichern lassen, manchmal hilft es schon, die Reihenfolge zu ändern, oder die Geschichte aus einem anderen Blickwinkel zu erzählen, um sie spannend zu gestalten und den Followern einen Mehrwert zu bieten.

- ✓ Ist die Geschichte für die ausgewählte Zielgruppe interessant?
- ✓ Harmoniert die Story mit dem Unternehmen / dem Image / der Marke / der Person (Influencer)?
- ✓ Gibt es Bild- und/oder Videomaterial, das genutzt werden kann? Wenn nicht, wer kann es erstellen / erstellen lassen?
- ✓ Ist das Bild- und/oder Videomaterial spannend, emotional und packend? Erweckt es im Follower den Drang, zu interagieren? (Mögliche Interaktionen werden im Kapitel „Interaktionen“ beschrieben.)
- ✓ Erzeugen die Storys, im Idealfall, ein Kopfkino beim Follower, also regen sie zum Mitdenken und Miterleben an?
- ✓ Welche Botschaft soll übermittelt werden? An welche Kernpunkte soll der Follower sich im Nachhinein erinnern?
- ✓ Ist die Geschichte, die erzählt werden soll, einzigartig? Oder nur ein Abkupfern von Konkurrenten, die dieselbe Idee schon im Vorfeld hatten?

Gerade der letzte Punkt kann stark verunsichern und einem das Gefühl vermitteln, dass man nichts zu sagen hat, was sich zu hören lohnt. Hier kommt es aber auch auf die Art und Weise an, wie eine Geschichte erzählt wird und wie der Fantasie bei der Gestaltung freien Lauf gelassen wird. Gerade die emotionale Komponente ist nicht zu unterschätzen und die Frage: "Was unterscheidet mich von meiner Konkurrenz?", sollte klar beantwortet und kommuniziert werden.

Auch die Befragung von Freunden kann dabei helfen, die Story zu verfeinern und ein anderer Gesichtspunkt bringt neben konstruktiver Kritik auch neue, vielleicht nützliche Ideen.

Die 5 wichtigsten Tipps für Visual Storytelling

Brand Story

Die Geschichte, die mit dem Social-Media-Kanal erzählt werden soll, entscheidet über das weitere Vorgehen und auch über das Material, das genutzt wird. Gerade für Unternehmen, aber auch für Influencer, ist es wichtig, die eigene Brand Story zu erstellen und zu erzählen.

Unter „Brand Story" versteht man im Allgemeinen die Geschichte, die hinter der eigenen Marke steckt, die Vision, die einen dazu bewegt hat, das Unternehmen zu gründen. Bei Influencern ist es oftmals so, dass sie nicht für eine einzige Marke Werbung machen, sondern immer mehr zu dieser Marke werden. Richtig erfolgreiche Influencer werben nicht für eine bestimmte Marke, sondern sind selbst zu einer Marke geworden, die oftmals auch Fan-Merchandise verkaufen und Community-Events veranstalten.

Die Brand Story, die im eigenen Social-Media-Kanal erzählt werden soll, will gut überlegt sein und sollte auf jeden Fall die eigene Geschichte sein und nicht von irgendwo abgekupfert werden.

Für Unternehmen umfasst die Brand Story ihre Gründungsgeschichte, das Unternehmensportrait, Kundenbeispiele und den ein oder anderen Blick hinter die Kulissen. Hier ist der kreativen Gestaltung jeder Freiraum gelassen. Man könnte die für die Gründung wichtigen Personen vorstellen, diese interviewen, sie über das Unternehmen / oder den Chef erzählen lassen, die Mitarbeiter einbinden und vorstellen, und Dutzende, wenn nicht hunderte andere Dinge in die Brand Story integrieren. Wichtig ist, sich an den Vorüberlegungen aus dem vorherigen Kapitel zu orientieren. Diese Art des Geschichtenerzählens bringt den Kunden näher an das Unternehmen heran und vermittelt Werte und Visionen des Unternehmens, sodass der potenzielle Kunde sich damit identifizieren kann und letztendlich dort einkauft.

Geschichten, die in Form von Filmen, Serien oder Romanen erzählt werden, haben einen mehr oder weniger klassischen Aufbau und besitzen einen oder mehrere Spannungsbögen. An dieser Art des Aufbaus, dem klassischen Drama in 5 Akten, kann sich auch die eigene Visual Story orientieren. Natürlich sollte man sich selbst hierbei nicht zu stark einschränken, doch eine grobe Anlehnung an bekannte Erzählmuster erleichtert das Visual Storytelling.

Das Nutzen von Insight Storys sollte, gerade für Unternehmen, aber auch für den einzelnen Influencer, angedacht werden. Als Insight wird eine Verbrauchererkenntnis bezeichnet, welche von der individuell angesprochenen Zielgruppe als „allgemeingültige Wahrheit“ angesehen wird. Diese Wahrheit wird nun in einer Story verpackt und präsentiert. Ein beeindruckendes Beispiel ist „Like a Girl von Always“ (zu finden auf YouTube unter den Suchbegriffen: „Like A Girl, Always“)

Die eigene Geschichte sollte unbedingt individuell gestaltet sein: etwas machen, was vorher noch keiner gemacht hat. Man sollte davor nicht zurückschrecken, denn gerade das hebt einen von der Konkurrenz ab.

Außerdem sollte man immer authentisch bleiben. Der Follower wird leicht abgeschreckt, wenn man vor der Kamera eine Rolle spielt, die man nicht ist.

Konsistenz und gleichzeitig Veränderung sollten den Kanal zu etwas Beständigem machen. Sich selbst und seiner Linie treu zu bleiben, ist sehr wichtig und hat auch etwas mit der Authentizität zu tun. Doch trotzdem sollte man sich nicht davor verstecken, etwas Neues auszuprobieren und die Unternehmensgeschichte zu erweitert und mit der Community zusammen wachsen zu lassen.

Wahl der „Kurzgeschichten"

Bevor mit der Produktion von Content, also Inhalten auf Social Media, begonnen wird, sollte überlegt werden, welche Details, Geschichten, Anekdoten und andere Dinge sich dazu eignen, in Social Media präsentiert zu werden. Haustiere, Mitarbeiter, die Bürokatze? Wird sich sozial engagiert? Gibt es spezielle Gedanken zum Thema Nachhaltigkeit, dem Kampf gegen Rassismus, dem Schutz von Tieren, Umwelt und Kindern? Dann können diese alle angesprochen und hübsch verpackt den Followern präsentiert werden.

Dabei ist prinzipiell nur eines zu beachten: das große Ganze im Blick zu behalten. Handelt es sich um einen Account, dessen erklärtes Ziel es ist, einem Hundehaarallergiker das Leben zu erleichtern, ist es eher kontraproduktiv, Bilder zu zeigen, auf denen mit einem Hund gekuschelt wird. Es sei denn daraus ergibt sich der ultimative Tipp zur Bekämpfung der Allergie?

Welche Plattform?

Es gibt einige lohnende Social-Media-Plattformen, die für das Visual Storytelling allerdings mehr oder weniger gut geeignet sind. Hier sind vor allem Instagram, YouTube, TikTok und auch Facebook eine Überlegung wert. Twitter ist eher auf kurze Textzeilen spezialisiert und weniger auf das Erzählen von Geschichten mit Bild und Video. Hier kommt es allerdings vor allem auf die Zielgruppe an, die angesprochen werden soll. Hierzu im Kapitel „Online Marke etablieren / Influencer werden" mehr.

Name	Funktion
Instagram	Bilder, Text, Stories, Reels, Videos, Text-, Bild-, Sprach-, Videonachrichten, Voice-, Videocalls
WhatsApp	Text-, Bild-, Sprach-, Videonachrichten, Voice-, Videocalls, Stories
Pinterest	Fotos, Verlinkung der Fotos
Facebook	Bilder, Text, Stories, Videos, Text-, Bild-, Sprach-, Videonachrichten, Voice-, Videocalls
Google	Bilder, Website
Twitter	Text, Bilder, Videos
Youtube	Videos, Kommentare
Snapchat	Bilder, Text, Stories, Videos, Text-, Bild-, Sprach-, Videonachrichten, Voice-, Videocalls

Abbildung 4: Funktion der Social-Media-Kanäle

Bild- und Videomaterial

Wie kann das Material erstellt werden, das zum Visual Storytelling auf beispielsweise Instagram genutzt werden kann? Diese Frage sollte im Vorfeld abgeklärt sein, da ohne Bildmaterial nicht gestartet werden kann.

Für die Aufnahme von qualitativ hochwertigen Bildern kann natürlich ein professioneller Fotograf sorgen oder man kauft sich eine teure Spiegelreflexkamera und besucht selbst Fotokurse – daraus könnte man dann auch gleich eine Brand Story erstellen – dies ist aber nicht unbedingt notwendig.

Auch ein handelsübliches Smartphone neueren Modells macht inzwischen sehr passable Foto- und auch Videoaufnahmen, die ohne schlechtes Gewissen für Social-Media-Zwecke genutzt werden können.

Zu achten ist auf hochwertige Tonaufnahmen, die nicht rauschen oder anderweitig mit Störquellen überlagert sind und auf scharfe Bilder, die nicht verpixelt oder verwackelt sind. Instagram und auch andere Plattformen bieten meist die Möglichkeit, den Content mit Filtern direkt zu bearbeiten oder man nutzt ein frei nutzbares, oder ein kostenpflichtiges, Bearbeitungsprogramm für den Feinschliff.

Es gibt aber auch die Option Infografiken und animierte Videos zu erstellen. Wie du ganz einfach selbst schöne Grafiken designen kannst, erfährst du später im Buch. Falls du das ganze an jemanden abgeben möchtest, kannst du dir dafür sogenannte "Freelancer" zum Beispiel auf der Plattform "Fiverr" buchen. Wenn du dich unter folgendem Link bei Fiverr registrierst, erhältst du 20% Rabatt auf die erste Dienstleistung, die du dir buchst:
http://www.fiverr.com/s2/219c58fe78

Probieren geht über Studieren

Starten! Es hilft der Entwicklung nicht weiter, wenn man alles im Vorfeld zu 100 Prozent durchplant und die perfekte Geschichte und das perfekte Material haben will. Gerade kleinere Fehler machen sympathisch und die Community verzeiht dies oft.

Letztendlich bezeichnet Social Media immer auch eine soziale Komponente und man wächst mit dem Feedback, das einem die eigene Community gibt. Das Ausprobieren verschiedener Inhalte und Umsetzungen und das Nutzen aller Funktionen, die die Plattform (wie beispielsweise Instagram) hergibt, sollte im Nachgang durch die Analyse-Funktion betrachtet werden. So kann festgestellt werden, was der Community gefällt, welche Angebote am besten ankommen und worauf sich bei der Erstellung des Contents konzentriert werden sollte.

Nach einiger Zeit und ein paar mehr oder weniger erfolgreichen Versuchen wächst man in das Visual Storytelling hinein und bekommt durch das Feedback der eigenen Community auch eine Vorstellung davon, was den Followern gefällt und wovon sie mehr sehen wollen.

SEO-Grundlagen

Der Begriff SEO fällt oft, wenn es um Online-Marketing geht. Hierbei steht SEO für „Search Engine Optimization“, zu Deutsch: Suchmaschinenoptimierung.

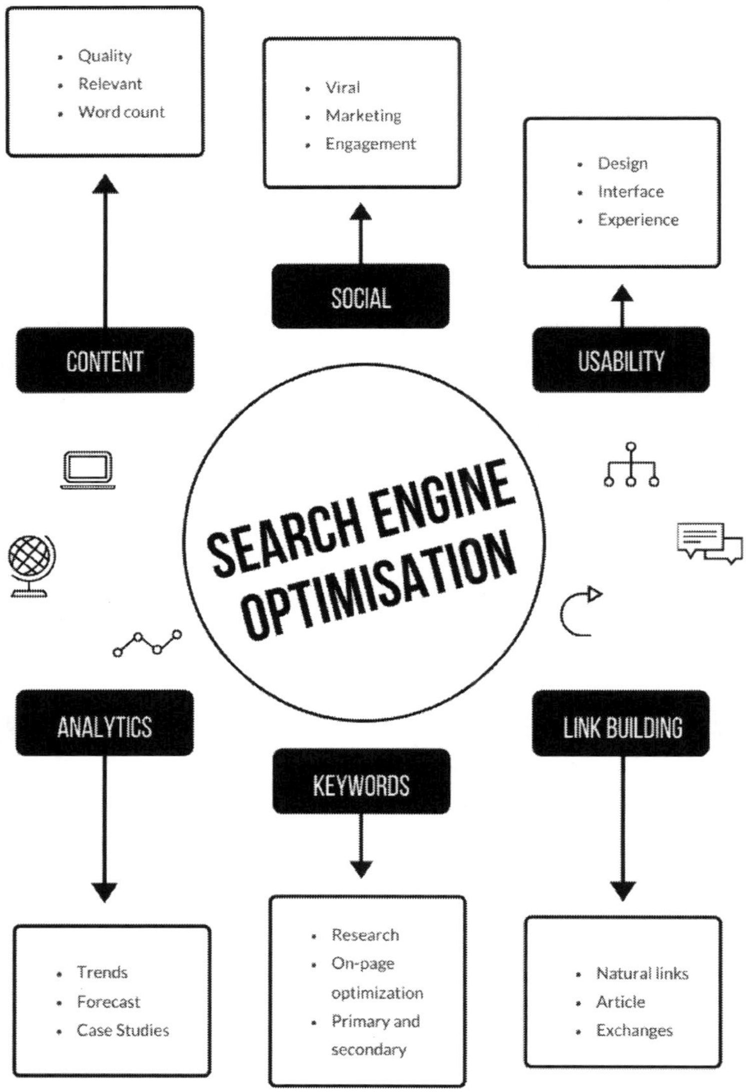

Abbildung 5: Search Engine Optimisation

Diese Thematik wird oftmals als sehr komplex dargestellt und dies ist sie bis zu einem gewissen Grad auch. Das Optimieren von Online-Inhalten für die Suchmaschine, sollte trotzdem auch von Anfängern in diesem Metier beachtet werden. Denn nur durch eine gute SEO-Strukturierung der Beiträge, wird man auch in der Suchmaschine gefunden und rankt sehr weit oben in den Suchergebnissen, was das vorrangige Ziel ist.

In diesem Kapitel sollen einige der Grundlagen von SEO anschaulich erklärt werden, sodass jedermann und jedefrau sich hiermit auseinandersetzen können. Dennoch ist SEO ein hochkomplexes Thema und kann durchaus ohne schlechtes Gewissen, gerade für die Optimierung von Unternehmenswebsites, in fachkundige Hände abgegeben werden. Auch hierzu gibt es auf Fiverr unzählige Angebote.

Die Google-Suche

Das Optimieren der Webseiten für die Suchmaschine Google setzt voraus, dass grob verstanden wurde, wie Google sucht und warum es so rankt, wie es rankt.

Google hat einen „Googlebot" programmiert, welcher sich laufend durch das Internet bewegt und dabei allen Links, die gefunden werden und denen gefolgt werden darf, folgt. Dies wird als crawlen von Websites bezeichnet. Diese Seiten, die durch das Crawlen gefunden werden, werden im Index gespeichert, einer riesigen Datenbank voller URLs.

Nun wird eine Suchanfrage bei Google eingetippt und anhand der Datenlage wird möglichst genau berechnet, welche Intention der Nutzer mit der Suchanfrage verfolgt und daraufhin werden die gefundenen Seiten gelistet und in Google als Suchergebnisse angezeigt.

Dabei wird ein hoch komplexer Algorithmus von Google angewendet, der im Detail unbekannt ist, aber dafür sorgt, dass für die Suchanfrage relevante Seiten weit oben gerankt sind – insofern sie für die Suchmaschine optimiert wurden!

Das Ziel von SEO ist also seit jeher: bei Google ein besseres Ranking zu erzielen, am besten auf der ersten Seite der Suchergebnisse sehr weit oben gelistet zu werden, damit mehr potenzielle Kunden die Seite finden, anklicken und im besten Falle etwas kaufen oder eine anderweitige Interaktion starten.

Vier Faktoren von SEO

Bei der Suchmaschinenoptimierung handelt es sich um ein hochkomplexes Thema, das in diesem Buch längst nicht abschließend erklärt werden kann. Einige Faktoren gibt es aber doch, die sich auch für das Verständnis als Anfänger eignen.

Abbildung 6: SEO-Faktoren

Offpage-Faktoren

Offpage ist alles, was nicht auf der eigenen Website passiert. Hierunter fallen also Links, die auf anderen Websites, Kanälen, Foren, etc. gepostet werden und zur eigenen Website verlinken. Doch um die ganze Sache kompliziert zu machen, geht es nicht nur um die Quantität, also die Menge, der platzierten Links, sondern vor allem auch um die Qualität. Es gibt durchaus, unter den sogenannten Backlinks, auch negativ zu bewertenden Links, die die Platzierung der eigenen Seite in den Suchergebnissen negativ beeinflussen.

Links muss man sich verdienen, durch guten Content und interessante Inhalte. Einfacher kommt man auch durch das Kaufen oder Tauschen an Backlinks. Hier sollte man aber sehr genau auf die Qualität der platzierten Links achten, die oftmals leider nicht so hoch ist wie gewünscht.

Onpage-Faktoren

Onpage bezeichnet alles, was auf der eigenen Website geschieht und umfasst alle Maßnahmen für SEO, die hier getätigt werden können. Untergliedert wird der Onpage-Bereich in inhaltliches und technisches SEO.

Für das inhaltliche SEO sollte man sich Gedanken darüber machen, welche Keywords verwendet werden sollten, also anhand welcher Suchbegriffe die Nutzer die Seite finden sollen. Dazu ist es wichtig, die Intention hinter den Begriffen zu ergründen: wird der Nutzer diese eher auf der Suche nach Kaufmöglichkeiten eintippen, oder wenn er Informationen zu einem Thema zusammentragen möchte? Auch die Struktur, das Layout, die Textlänge, Überschriften und Bilder zählen zum inhaltlichen SEO und sollten unbedingt auf die Zielgruppe abgestimmt sein. Das technische SEO umfasst einige Punkte, die für einen Laien schwer verständlich sind. Hierbei wird die Crawlbarkeit und Indexierbarkeit der Website bewertet, die Identifizierung von Links auf 404-Seiten, die Struktur der Daten und die Ladezeitoptimierung bewertet.

User Experience

Hierzu zählen alle Interaktionen, die ein Nutzer mit der eigenen Website durchführt. Angefangen von Verweildauer und der Klickrate, werden auch wiederkehrende Besuche bewertet, von Nutzern, die auf der Internetseite fündig geworden sind und oft zurückkehren, beispielsweise um regelmäßig dort einzukaufen, oder die Blogposts zu lesen.

Content Marketing

Im Bereich des Content Marketing kommen die vorher überlegten Keywords jetzt zum Einsatz. Es ist ungeheuer wertvoll, die eigene Seite – Blog, Social Media, etc. – mit Leben zu füllen, damit die Google-Suche die relevanten Keywords auch finden und ranken kann.

Hierbei sollte unbedingt auch die einwandfreie Qualität des Contents beachtet werden, der natürlich wieder auf die Zielgruppe zugeschnitten sein, einen Mehrwert bieten, interessant und ansprechend geschrieben sein und das Bedürfnis des Nutzers erfüllen sollte.

Um also Content zu erstellen, der für den Nutzer relevant ist, sollten einige Fragen im Vorfeld beantwortet werden:

- ✓ Welche Keywords nutzt der Besucher? Wonach sucht der potentielle Kunde oder Follower?
- ✓ Nutzerintention?

    - Transaktionale Keywords führen auf Landingpages, die den Verkauf eines Produkts abdecken.

    - Informationsgetriebene Keywords sollten auf Informationsbasierte Landingpages führen und dort, beispielsweise in einem Blogartikel, kann auf alle Arten von

Themen, die zur Zielgruppe und zum Unternehmen passen, eingegangen werden.

✓ Konkurrenzanalyse

- Welche Suchbegriffe nutzt die Konkurrenz?
- Welche Suchbegriffe kann man selbst nutzen, die noch nicht so hoch belegt sind?
- Wie ist die Qualität des Contents der Konkurrenz?
- Neue Themenideen oder Thematiken, die bei der Konkurrenz nicht vertreten sind?
- Veröffentlichungsart, welche Kanäle werden genutzt?

Wenn eine Reihe möglicher Keywords gefunden wurde, sollten diese auch auf die richtige Art verwendet werden. Keywords gehören in alle Textabschnitte und Überschriften, sollten aber nicht unnötig oft verwendet werden, sodass der Lesefluss gestört wird. Auf richtige Grammatik ist außerdem, schon allein wegen des flüssigeren Lesens, immer zu achten.

Die Snippets – die Textschnipsel, die bei Google in den Suchanzeigen angezeigt werden, sollten aussagekräftig sein und dem Nutzer klar den Vorteil der eigenen Website präsentieren, sodass er neugierig auf den Link klickt und auf der eigenen Seite landet.

Die Intention, die hinter einer Suche steckt, muss immer auch zum Content passen. Es ist sehr frustrierend für einen Besucher der Website, der sich über Waschmaschinen informieren will, wenn er nur Suchergebnisse bekommt, bei denen er Waschmaschinen kaufen kann.

Schreibstil, Textaufbau, Grammatik und das Layout sollten ansprechend sein, auf die Zielgruppe abgestimmt werden und angenehm zu lesen sein. Auch die Logik innerhalb der Inhalte, also der Aufbau, die Gliederung in verschiedene Unterpunkte oder die Reihenfolge von Textbausteinen, tragen zu einem angenehmen Leseerlebnis bei und sollten stets überprüft und eingehalten werden.

Zu guter Letzt sollte darauf geachtet werden, dass auch Bild- und Videomaterial für die Suchmaschine optimiert wurden, sodass diese ebenfalls ins Ranking einer Google-Suche einbezogen werden.

Social Media Marketing

Marketing verfolgt das Ziel, eine Marke, oder ein Unternehmen, bekannter zu machen. Hierbei ist es egal, über welche Kanäle geworben wird, das Ziel ist dasselbe. Doch die Art der Werbung unterscheidet sich teils erheblich. So sind Zeitungsanzeigen komplett anders aufzubauen und zu gestalten als ein Instagram-Post oder ein Video auf YouTube.

Wie schon weiter oben erklärt, zeichnet sich das Marketing über Social Media vor allem über die Interaktionen aus, die die Interessenten und potenziellen Kunden tätigen können – also Likes, Shares, Kommentare, Reposts und dergleichen.

Marke bekannt machen

Über die Vielzahl an Social-Media-Nutzern in Deutschland sind diese Plattformen ein legitimer Weg, zu mehr Bekanntheit zu kommen. Über interessanten Content, der das Unternehmen, das Produkt, oder den Influencer selbst widerspiegelt und gleichzeitig interessant, lesenswert und kurzweilig ist, sowie Wissen vermittelt und Mehrwert für den Follower bietet, gelingt es, die Markenbekanntheit zu steigern und sich einer breiten Masse aus potenziellen Kunden zu präsentieren.

Hier ist vor allem wichtig, dass der produzierte Content genau auf die Zielgruppe abgestimmt ist und bei dieser das Interesse weckt, sich näher mit dem

Unternehmen, den Produkten oder den Dienstleistungen zu beschäftigen, sodass im besten Falle ein Kaufwunsch entsteht. Dazu sollten Links in den Social-Media-Kanälen platziert werden, die es dem Kunden einfach machen, auf die Website zu gelangen und dort dann beispielsweise zu einem Kauf geführt zu werden.

Auch für einen Influencer selbst ist es wichtig, Bekanntheit zu generieren und eine Community aufzubauen. So macht man sich interessant für potenzielle Kooperationspartner und kann im besten Falle damit starten, sein Geld auf Instagram und Co. zu verdienen.

Leads

Leads sind qualifizierte Kundenkontakte. Diese werden per Definition über das Online-Marketing gewonnen. Für den Erfolg des Online-Marketings ist also nicht die Klick-Zahl entscheidend, sondern wie viele dieser Klicks in erfolgreiche Geschäftsabschlüsse umgewandelt werden konnten. Also: wie viele der Besucher der Instagram-Seite haben den Link zu einem bestimmten Produkt geklickt und wie viele davon haben dann das Produkt auch gekauft.

Natürlich sind Leads auch für Influencer wichtig, die nicht direkt etwas zum Verkauf anbieten, sondern einfach nur bekannter werden wollen. Hier kann es helfen, wenn man seine Follower mit Mitmach-Aktionen dazu antreibt, Content zu verbreiten, zu teilen, zu kommentieren – also aktiv mit dabei zu sein und dem Influencer ein Feedback zu geben.

Um Leads über Social Media zu generieren, gibt es verschiedene Möglichkeiten.

Gewinnspiele

Besucher der Social-Media-Seite, oder die Community eines Influencers, werden sich über Gewinnspiele freuen. Hierbei kann man neben dem Generieren neuer Follower auch mehrere qualifizierte Kontakte sammeln und die Bekanntheit deutlich steigern.

Links sichtbar und leicht erreichbar platzieren

Platzieren von Links, die leicht gefunden, und im besten Fall sofort angeklickt werden können, machen es den Followern und Besuchern leicht, sich direkt auf die Website des Unternehmens weiterleiten zu lassen. Oftmals ist es tatsächlich so, dass viele Menschen lieber online einkaufen, wenn dies problemlos und schnell möglich ist. Das manuelle Eingeben eines Links kann hier schon eine gewisse Anzahl an Kunden abschrecken.

Live-Veranstaltungen online abhalten

Live-Events können auf Instagram, YouTube, Facebook und vielen anderen Social-Media-Plattformen sehr leicht durchgeführt werden. Sie sollten vorher der Community angekündigt werden, um viele Zuschauer zu erreichen. Es ist eine sehr gute Möglichkeit, über die Produkte zu sprechen, etwas Neues vorzustellen oder auch einfach nur Fragen aus der Community zu beantworten und so in engem Kontakt zu seinen Followern zu bleiben.

Shops über Social Media

Facebook und Instagram bieten die Funktion, einen Shop direkt dort einzurichten. Hier wird es den Followern noch einfacher gemacht, Produkte, die in Posts beworben werden, direkt anzuklicken. Hinterlegte Informationen können so sichtbar gemacht und das Produkt sogar direkt über Instagram oder Facebook gekauft werden.

Dies erleichtert es den potenziellen Kunden sehr ein Bestellvorgang abzuschließen, da dazu nicht einmal der Weg auf eine Shop-Seite nötig ist und ein schnelles und sicheres Bestellen trotzdem möglich ist.

Mobile-Funnel

Über das Thema "Verkaufstrichter" gibt es so viel zu sagen, dass ich wahrscheinlich ein eigenes Buch dazu schreiben werde. Dennoch will ich dir hier eine gute Empfehlung mit an die Hand geben. Heutzutage muss man kein IT-Spezialist mehr sein, um sich seinen eigenen Verkaufstrichter zu basteln. Mit den mobilen Funnels von “Perspective” kannst du dir selbst deinen individuellen Verkaufstrichter in kürzester Zeit basteln. Du hast schon eine Menge Vorlagen und kannst die Funnel die ersten 14 Tage kostenlos unter dem folgendem Link testen: https://perspective.grsm.io/socialmedia

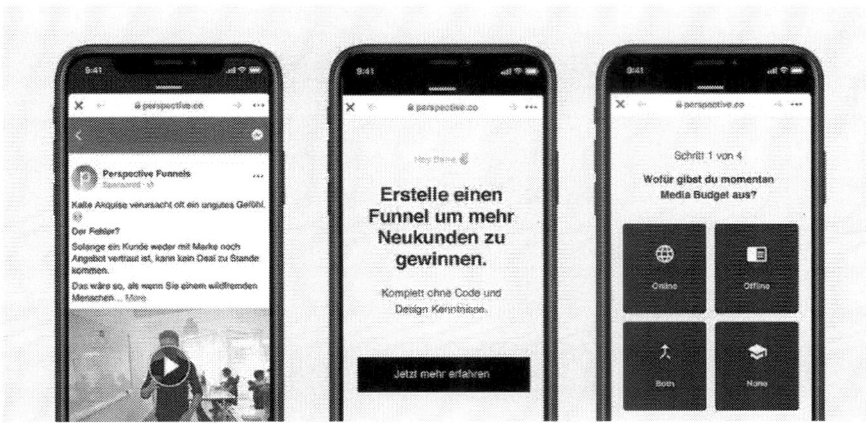

Abbildung 7: Funnel erstellen

Kundenpflege

Social Media lebt davon, dass die Community sich einbezogen fühlt. Nur wer sich mit seinen Followern beschäftigt, auf diese eingeht, sich Wünsche und Fragen anhört, der kann damit rechnen, dass die Community stetig wächst, zufrieden ist und mitarbeitet. Dies sichert die Likes und die Reichweite. Und umso größer die Reichweite ist, also die Anzahl an Personen, die tagtäglich erreicht werden, umso attraktiver wird der einzelne Influencer für Kooperationen mit Firmen.

Auch für Firmen oder für Influencer mit einem eigenen Online-Shop, ist Social Media eine direkte Kommunikationsplattform. Hier kann auf Kundenkommentare, Bedenken, Lob oder auch Kritik sofort und persönlich eingegangen werden.

Ziel sollte es sein – egal ob man eine Firma vertritt, oder selbst Influencer ist – eine starke Kundenbindung zu erreichen. Interaktion mit Followern steht hier an oberster Stelle. Für Unternehmen sind vor allem die Influencer interessant, deren Communitys ihnen vertrauen und sich deshalb gerne für ein von „ihrem“ Influencer beworbenes Produkt entscheiden, da sie dem Urteil trauen.

Vergleiche

Gerade für Unternehmen ist Social Media auch eine gute Möglichkeit, die Konkurrenz im Auge zu behalten. Die Social-Media-Taktik kann verglichen werden. Was bei der Konkurrenz gut funktioniert, könnte ja auch für einen selbst ein lohnender Weg sein. Herauszufinden, was potenzielle Kunden und Follower anzieht, was sie mögen und worauf sie gut reagieren, das ist die halbe Miete eines erfolgreichen Social-Media-Auftritts.

Online Marke etablieren / Influencer werden

Der Einstieg ins Online-Marketing-Business sollte wohl überlegt und gut vorbereitet werden. Natürlich unterscheidet sich die Art der Werbung und vor allem die Art des Contents grundlegend voneinander, je nachdem ob man ein Influencer ist und die eigene Person, das eigene Leben, im Vordergrund steht oder ob man einen Kanal für ein Unternehmen erstellt, dessen vorrangiges Ziel es ist, Produkte oder Dienstleistungen zu verkaufen.

Der Weg hinein ist jedoch für beide Arten vergleichbar, weshalb im Weiteren nicht mehr zwischen Unternehmen und Influencer unterschieden wird, es sei denn dies wird explizit erwähnt.

Zielgruppe

Um eine Marketing-Strategie entwickeln zu können, die erfolgversprechend ist, muss man zuerst diejenigen Personen kennen, die man mit seinem Auftritt erreichen will. Nur so kann gezielt auf die Anforderungen und Interessen eingegangen und der Content entsprechend so gestaltet werden, dass er die richtigen Leute anspricht und von diesen wahrgenommen wird.

Hierbei können Trends und Trendbewegungen genutzt werden. Dazu sollte man allerdings umfassend über den Trend Bescheid wissen und sich in der Umgangsform und Umgangssprache auskennen, die die Zielgruppe nutzt. Gerade jüngere Personen kommunizieren oftmals über Abkürzungen. Diese sollten dann natürlich auch richtig verwendet werden, um als authentisch bei der Zielgruppe eingestuft zu werden. Sonst kann der Schuss sehr leicht nach hinten losgehen. Nutze dazu auch die Empathy Map, die ich dir bereits an einem früheren Zeitpunkt im Buch mitgegeben habe.

Social-Media-Marketing funktioniert – wie Marketing generell – nur, wenn die Grundlagen stimmen. Und eine der elementarsten Grundlagen ist es zu wissen, wer die EIGENE ZIELGRUPPE überhaupt ist. Und zwar sehr genau: Geschlecht, Alter, Status, Wohnort, Lebenssituation, Interessen, berufliche Situation. Definieren Sie genau, wer und wie der Musterkunde ist. Alle auf einmal? Das funktioniert nicht, weil sich jeder und niemand angesprochen fühlt und du dich keine Zielgruppe wirklich festlegen wollen.

Ist es eine bereits bestehende Zielgruppe oder möchtest du deinen Kundenstamm erweitern? Wünschst du dir unterschiedliche Zielgruppen für unterschiedliche Produkte?

- Was macht er/sie beruflich und hobbymäßig?
- Sind Kinder oder Tiere vorhanden?
- Wie sind die Lebenseinstellung und der Status?
- Was erwartet dein Musterkunde von einem Unternehmen und einem Produkt?

- Wie agiert er/sie im Netz?
- Ist er ein professioneller Kommentierer oder ein Gelegenheitssurfer?
- Im Social Web ist allerdings noch mehr wichtig:

Auf welchen Kanälen ist die Zielgruppe sonst unterwegs?

Recherchiere, welche Social-Media-Plattformen zu deiner Zielgruppe bzw. künftigen Zielgruppe passen. Nur wenn dein Unternehmen, die Produkte, die Social-Media-Strategie und die Zielgruppe(n) zusammenpassen, fühlt sich die Kunden angesprochen. Dazu kannst du Kommentare lesen, in denen gerne erzählt wird, wo man sich sonst wohlfühlt, Studien oder Referate einsehen und die Profile der unterschiedlichen Social-Media-Anbieter checken.

Oder du fragst deine Kunden einfach. Das ist kein besonderer Aufwand und zeigt Ihr Interesse. Mit kostenlosen oder günstigen Umfragetools ist das schnell umgesetzt: Umbuzzo, Free Survey Creator oder Umfrageonline helfen dabei.

Wer geschickt fragt, erfährt nicht nur, auf welchen Plattformen die Nutzer unterwegs sind, sondern auch wie sie im Social Web agieren:

- Ist der Kunde reiner Zuschauer?
- Pflegt er ein oder mehrere Profile im Social Web?
- Kommentiert und rezensiert dein Kunde aktiv?
- Erstellt er selbst Videos, Fotosessions, Blogbeiträge?
- Liest und sammelt er interessierte Beiträge und Newsletter?

Was zieht deine Zielgruppe auf die unterschiedlichen Plattformen?

Um herauszufinden, weshalb jemand leidenschaftlicher Snapchat-Nutzer, aber kein XING-Mitglied ist, gilt es am besten wieder Kommentare und Analysen einzusehen. Oder du „suchst“ bei deiner Konkurrenz und informierst dich über die Social-Media-Aktivitäten und auf welchen Plattformen diese erfolgreich umgesetzt werden.

Hast du dieselbe Zielgruppe wie ein Mitbewerber und ist diese dort aktiv, solltest du dessen Aktivitäten und Marketingmaßnahmen näher anschauen. Dann verfolgst du die wettbewerbsorientierte Marketingstrategie.

- Welche Strategie verfolgt der Mitbewerber?
- Auf welchen Plattformen agiert das Unternehmen und mit welchem Erfolg?
- Wie häufig wird gepostet?
- Bietet der Konkurrent auch Videos bzw. sogar Live-Videos an?
- Und setzt er Storytelling ein?
- Postet das Unternehmen aktiv witzige, ironische oder eher informative Beiträge?
- Was kommt gut an, was weniger?

Wie hoch ist die Aktivität der Fans des Mitbewerbers? Diese ergibt sich aus der durchschnittlichen Anzahl an Likes, Kommentaren und Shares geteilt durch die Anzahl der Nutzer. Um diesen Wert sicher und schnell zu erhalten, kann man spezielle Tools nutzen.

Wahl der Plattform

Wenn die Zielgruppe bekannt und möglichst genau definiert ist, sind auch die Vorlieben der potenziellen Kunden und Follower bekannt und es kann ermittelt werden, auf welchen Plattformen diese zumeist unterwegs sind. Ob es sich hierbei um YouTube, TikTok, oder Instagram handelt, ist erst einmal egal und auch neuere Plattformen und Trends sollten ausgenutzt werden. Zu bedenken, welche der vielen Social-Media-Plattformen in Zukunft die meisten Nutzer haben wird, das macht Social-Media-Marketing so spannend und gleichzeitig auch anspruchsvoll.

Je nach Zielgruppe ist der Einsatz auf neuen Plattformen, wie Instagram, sinnvoller oder aber das Werben über ältere Kanäle, wie Pinterest oder Facebook.

Im besten Falle wird auf mehr als einer Plattform ein Account erstellt, der dann auch regelmäßig – bestenfalls täglich – gepflegt und aktualisiert wird.

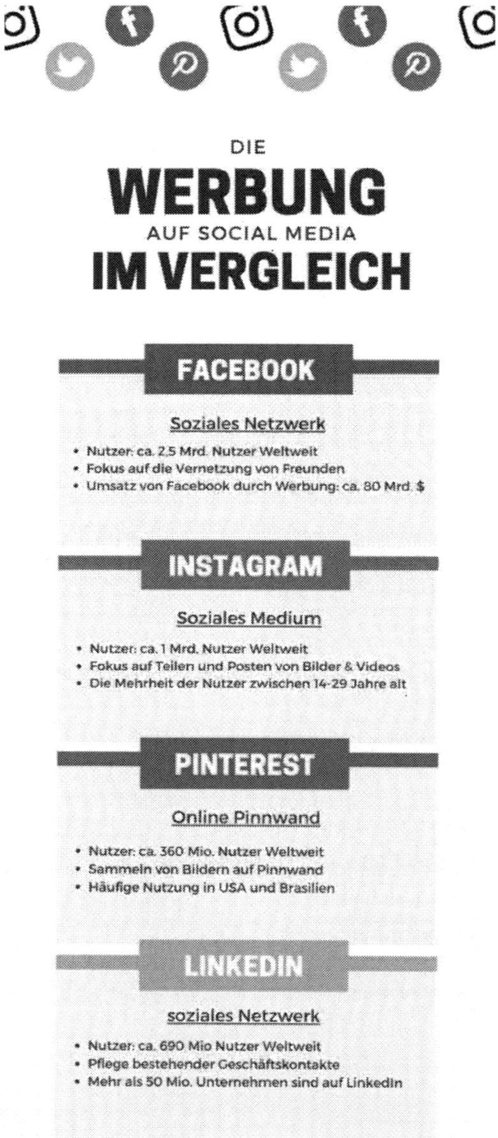

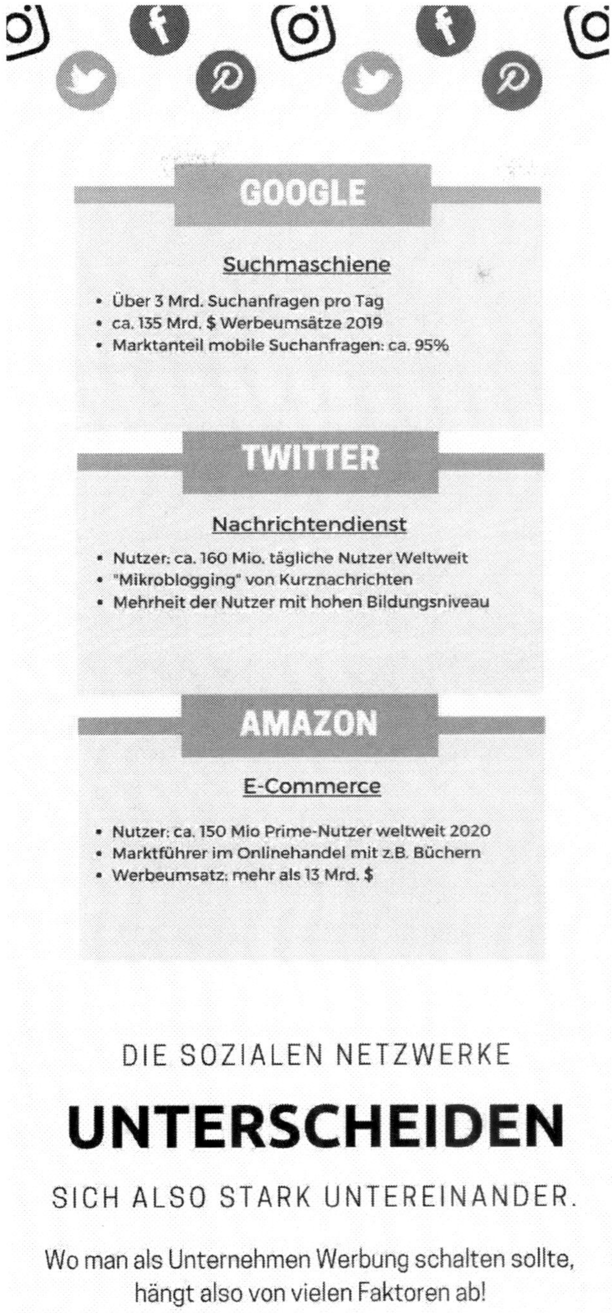

Abbildung 8: Richtige Wahl der Social Media Plattform

Content

Ist nun neben der Zielgruppe auch die Plattform festgelegt, auf der gestartet werden soll, so geht es an die Produktion des Contents. Content bezeichnet dabei alle Formen von Inhalten im Internet, also das, was den Nutzern und Followern vom Betreiber einer Social-Media-Seite zur Verfügung gestellt wird. Es kann sich hierbei um Bilder, Texte, Grafiken, Zitate, kleinere Videos aber auch längere Videoclips oder eine Kombination aus allem handeln.

Hierbei ist der Kreativität keine Grenze gesetzt und oftmals ist ausgefallener und besonderer Content genau das, was in den sozialen Netzwerken immer wieder gesucht wird. Hauptsache ist, dass der Content einen hohen Wiedererkennungswert hat, einzigartig ist und einen Mehrwert bietet. Schließlich ist man nicht das einzige Profil im World Wide Web, sondern konkurriert – als Einzelperson „Influencer" oder als Unternehmen – mit vielen Konkurrenten um die Zahl der Follower und letztendlich um die Likes, die jedes Posting bekommt, sowie um die Interaktion und den regen Kontakt mit der Community.

Bei der Produktion von Content ist, wie schon gesagt, alle Kreativität gefragt und auch die Funktionen der jeweiligen Plattform können und sollten unbedingt ausgereizt werden. Auf Instagram beispielsweise können Postings aber auch Storys verfasst und sogar Live-Videos gestartet werden. Das steigert die Reichweite und sorgt für abwechslungsreichen und interessanten Content für die Follower.

Auch und gerade Hashtags sind in Social Media zu einem sehr nützlichen und beliebten Instrument geworden. Durch die Funktion, bei Instagram einem gewissen Hashtag zu folgen, kann der Community jeder Post, egal von welchem Verfasser, angezeigt werden, der dieses Hashtag beinhaltet. Dadurch können die Follower dazu aufgefordert werden, bestimmte Bilder unter dem besagten Hashtag zu posten oder selbst Content zu produzieren, beispielsweise mit einem Produkt einer Firma und diesen mit dem Hashtag zu versehen. An dieser Stelle

kann ich dir das All-In-One Tool "Flick" empfehlen, mit dem du die Hashtags für dich herausfinden kannst, die am meisten Ergebnisse erzielen und dir mehr Reichweite verschaffen. Auf Flick gelangst du hier:
https://flick.tech?fpr=socialmedia

Auch das Markieren von Personen im Post oder in der Story kann genutzt werden, um Beiträge zu verbreiten. So kann bei der Erwähnung eines Influencers dessen Community mit angesprochen werden und die Reichweite kann sich quasi vervielfältigen. Auch Community-Events oder kleine Mitmach-Aktionen können so durchgeführt werden und gerade Storys können weiter geteilt werden, wenn man selbst darin erwähnt wurde.

Reposts können die Bindung zu Followern stärken und sind zudem auch eine einfache Methode, Content zu generieren. Wenn beispielsweise ein Follower über ein interessantes Thema schreibt, welches gut zur eigenen Philosophie oder dem eigenen Unternehmen passt, könnte man das in einem Repost verpacken und so auch die Bindung der Community untereinander stärken und zu mehr Interaktion und Aktivität auffordern.

Interaktion

Ein sehr wichtiger Punkt ist die Interaktion mit der eigenen Zielgruppe. Nur durch ein lebendiges und authentisches Social-Media-Profil ist es möglich, mit der Zeit zu wachsen und mehr und mehr Follower zu generieren.

Viele davon sind stille Follower, die ohne viele Kommentare den Postings und Storys folgen, aber sehr zuverlässig Liken und so eine hohe Reichweite und auch schon die erste Interaktion liefern. Viele Follower mögen es aber auch gerne, wenn sie mit einbezogen werden. Man sollte seine Follower regelmäßig ermutigen, eine Interaktion auszuführen. Hierbei kann die ganze Palette an Möglichkeiten genutzt werden:

- Fragen stellen, die die Follower beantworten können.
- Die Follower auffordern, Fragen zu stellen, die dann zum Beispiel in einem Livestream beantwortet werden.
- Die Follower auffordern die Beiträge liken.
- Die Follower ermutigen, Hashtags zu verwenden.
- Sie dazu auffordern, das Profil in ihren eigenen Beiträgen und Storys zu markieren und den so generierten Content wiederum selbst teilen.
- Die Follower dazu ermutigen, den Content zu teilen und weiter zu verbreiten.
- Die Follower direkt ansprechen und im Content taggen.

Zeitmanagement

Eine Empfehlung für die Häufigkeit neue Beiträge in Social Media hochzuladen, ist von Plattform zu Plattform unterschiedlich. Auf schnelllebigen Plattformen wie beispielsweise TikTok kann durchaus mehrmals am Tag ein kurzer Videoclip gepostet werden. Auf Instagram wird meistens einmal täglich gepostet, doch auch das weniger häufige Posten hat durchaus seine Berechtigung. Letztendlich ist die Anzahl und Regelmäßigkeit der Uploads von der gewählten Plattform und der Zielgruppe, die angesprochen werden soll, abhängig.

Hier kommt es vor allem darauf an, die Follower nicht durch zu häufige Postings, die diese als Spam empfinden könnten, zu vergraulen und andererseits in ihren Köpfen nicht in Vergessenheit zu geraten, wie es leicht passiert, wenn zu selten neuer Content gepostet wird. Ein guter Mittelweg muss gefunden werden und letztendlich kann auch die Tageszeit, an der der Post erscheint, entscheidend sein für seine Reichweite. Wenn Menschen in der Mittagspause sind, haben Sie beispielsweise Zeit ihre privaten Social Media Profile zu überprüfen.

Da man nun nicht jeden Tag um dieselbe Zeit einen Beitrag verfassen kann und auch mal Urlaub machen möchte, gibt es einige Tools, mit denen sich Beiträge im Vorfeld planen und erstellen lassen.

Abbildung 9: Wann posten?

Hilfsmittel

Tools, Apps und Hilfsmittel machen es leicht, sich in der Social-Media-Welt wohlzufühlen. Es gibt Programme für fast jedes Problem. Manche davon gestalten die zeitliche Planung sehr einfach, manche sind für die Bearbeitung von Bildern wichtig und es gibt auch welche, die dem Nutzer Insights in die Interaktionen geben, die von den Followern mit dem Beitrag getätigt wurden. Einige dieser Tools sind kostenfrei, andere können zu einem gewissen Beitrag gekauft oder im Abo gebucht werden. Die Nutzung ist für PC, Handy oder Tablet ausgelegt, was sich natürlich je nach Software etwas unterscheiden kann.

Planungstools, die auch einen Überblick über die Interaktionen tätigen lassen, sind hier besonders beliebt und werden oft verwendet. Gerade für Unternehmen, die einen Großteil ihres Marketings über Social Media abhandeln, sind diese sinnvoll und einen zweiten Blick wert.

Für Einsteiger in Social Media, die privat etwas experimentieren wollen, reichen sicherlich die von den Plattformen zur Verfügung gestellten Insights oder Analytics erstmal aus.

Sprout Social

Hierbei handelt es sich um eine englischsprachige Website, die das Veröffentlichen und Planen von Beiträgen auf mehreren Social-Media-Plattformen ermöglicht und vereinfacht. Auch Analysen und Überblicke über die Interaktionen können mit dieser Plattform abgerufen werden.

HubSpot

HubSpot ist ein Blog, der sich mit dem Thema Social Media und auch Marketing auf Social Media beschäftigt. Deren Social-Media-Tool kann genutzt werden, um in allen Bereichen der sozialen Netzwerke zu glänzen. Hierüber kann das E-Mail-Marketing, das Betreiben eines Blogs, das Erstellen von Landing-Pages, aber ebenso die Planung und das Management von Social Media generalisiert erledigt und eingesehen werden. Auch hier bekommt der Nutzer Einblicke in die Analytics und damit in die Interaktion und Reichweite seiner Beiträge und deren Erfolg in der gewählten Marketingstrategie. Dies war nur eine ausgewählte Reihe an Funktionen, die HubSpot bietet, mehr Informationen sind direkt auf der Website zu finden.

Hootsuite

Mit dieser Plattform kann der Content auf allen Social-Media-Kanälen gleichzeitig geplant und veröffentlicht werden. Auch hier ist eine zeitliche Planung möglich und die Einsicht in die Analysen ein weiterer Vorteil. Zusätzlich gibt es eine Content-Suche, mit der gezielt nach bestimmten Content gesucht werden kann.

Analyse

Nichts ist frustrierender, als ein Social-Media-Auftritt, der nicht vorwärtskommt, der keine Likes generiert und keine neuen Follower sammelt. Man fühlt sich oftmals demotiviert und gibt schnell wieder auf. Hier ist die Analyse ein gutes Werkzeug, um seinen Content zu überprüfen.

Bei Instagram findet man das Analysetool als Instagram Insights und bei Facebook heißt es Analytics. Es gibt bei den meisten Plattformen ähnliche Funktionen, die eine Einsicht gewähren, in Interaktionen, Aufrufe und Likes des Beitrags. Es kann nach verschiedenen Kriterien gefiltert und analysiert werden.

Hierzu werden verschiedene Kennzahlen aus dem Bereich Social Media genutzt, die die Performance der Beiträge und den Einfluss, den man damit auf die Zielgruppe genommen hat, anzeigen können. Interaktionsintensität, Likes, Follows und Shares sind hierbei einige Stichpunkte, die eine gute Analyse umfassen sollte.

10 wichtige Kennzahlen

1. **Interaktion**

Zur Interaktion zählen alle Klicks, Likes, Kommentare und Antworten auf die erstellten Beiträge. Je nach Plattform gibt es noch weitere Kennzahlen, die die Interaktion betreffen. Pinterest bietet beispielsweise noch die Zahl der gepinnten Posts (genannt Pins) durch andere Nutzer und auf Instagram können Beiträge gespeichert werden, was ebenfalls in den Insights angezeigt wird.

2. **Reichweite**

Hierunter wird ganz klassisch die Anzahl der mit dem Content erreichten Personen wiedergegeben.

3. **Follower**

Unter Follower sind die Personen zu verstehen, die dem Profil auf Social Media folgen. Hierbei wird der Content den Followern regelmäßig angezeigt. Es ist das erklärte Ziel, so viele Follower wie möglich zu sammeln, die dann auch aktiv am Content teilnehmen und eine rege Interaktion zeigen.

4. **Impressionen**

Unter Impressionen versteht man das bloße Erscheinen eines Posts im Newsfeed. Durch diesen Feed scrollt der Nutzer durch und sieht so mehrere Beiträge, die er nun entweder vorbeiziehen lassen, oder anklicken kann. Diejenigen Beiträge, die nicht angeklickt werden, also nur einmal im Newsfeed erscheinen und weiter keine Beachtung finden, nennt man Impressionen.

5. **Videoaufrufe**

Voraussetzung für die Analyse der Videoaufrufe ist das Vorhandensein einer Videofunktion auf der Social-Media-Plattform. Hierzu zählen beispielsweise

Instagram, TikTok, Facebook und Snapchat. Dann bezeichnet die Zahl der Videoaufrufe, wie oft ein Video angesehen wurde.

6. **Profilaufrufe**

Die Anzahl der Personen, die die Social-Media-Seite aufgerufen haben, spiegelt sich in der Funktion „Profilaufrufe“ wieder.

7. **Mentions**

Die Zielgruppe kann Influencer oder auch Unternehmen in einem Posting erwähnen. Hierbei wird mit einem @ und dem Namen, der in der Plattform genutzt wird, eine Erwähnung eingefügt. Erwähnungen sollten immer beantwortet werden oder auf andere Weise honoriert werden. Dies gibt den Followern das Gefühl, dass man sich wirklich über die Erwähnung freut und diese werden das Profil gerne und oft wieder erwähnen, was die eigene Reichweite steigert.

8. **Tags**

Unter Tags werden die Erwähnungen mit einem Hashtag bezeichnet.

9. **Reposts**

Als Reposts versteht man das Teilen zur Weiterverbreitung von eigenem Content durch ein Mitglied der Community. Wichtig ist, dass bei einem Repost immer der Original-Verfasser genannt und auch verlinkt wird. Dies gilt natürlich auch, wenn man selbst einen Repost verfassen will!

10. **Shares**

Unter Shares werden Beiträge verstanden, die vom eigenen Profil von Followern mit anderen Nutzern derselben oder einer anderen Social-Media-Plattform geteilt werden.

Online Marketing Plattformen im Vergleich

Als Online-Marketing-Plattformen werden nahezu alle Plattformen im World Wide Web bezeichnet, auf denen Werbung betrieben werden kann. Allen voran Instagram, Pinterest, Facebook, aber auch Twitter, TikTok, Snapchat und andere Plattformen.

Wie schon weiter oben erwähnt, gibt es nicht die „eine Plattform für alle“, die für jedes Themengebiet und jedes Unternehmen gleichermaßen erfolgversprechend ist. Stattdessen sollte die Plattform immer nach den Kriterien ausgewählt werden, die die Zielgruppe vorgibt. Es hilft nur sehr wenig, wenn man auf einer Plattform wirbt, auf der die eigene Zielgruppe gar nicht vertreten ist. So kann mit dem besten Content dennoch niemand erreicht werden.

In den nachfolgenden Kapiteln werden einige Plattformen detailliert vorgestellt, auf denen das Werben über Social Media möglich ist.

Marketing mit Instagram

Instagram ist die klassischste Foto-Plattform, die es momentan gibt. Hier wird mit aussagekräftigen, emotional ansprechenden Fotos oder Videos geworben, die mit einem Text unterlegt werden können, der allerdings aufgeklappt werden muss. Die Aufmerksamkeit und das Interesse des Nutzers muss also durch ein Bild oder Video eingefangen und geweckt werden.

Den für 2020 aktuellen Nutzerzahlen zufolge, nutzen über 21 Mio. Menschen in Deutschland und über 1 Mrd. Menschen weltweit, regelmäßig Instagram. Hierbei gibt es zwei verschiedene Arten, wie Instagram genutzt werden kann. Einmal mit einem Privataccount und einmal mit „Instagram Business“ (=Instagram für Unternehmen). Aber auch Privatpersonen können ganz einfach das private Profil in einen Unternehmensaccount umwandeln, um so von den Vorteilen, wie dem Zugriff auf die Instagram Insights, zu profitieren.

Das eigene Profil

Bei Instagram sind viele Leute nur aus Spaß unterwegs, um sich ein bisschen unterhalten zu lassen, vielleicht die ein oder andere Neuigkeit zu lernen oder um mit Freunden in Kontakt zu bleiben. Doch gerade Leute deren Ziel es ist, als Influencer groß rauszukommen, und auch Unternehmen, die Instagram als Werbeplattform nutzen, sollten bei der Gestaltung des eigenen Profils einige Dinge beachten, die einfach und selbstverständlich leicht umsetzbar sind.

Ganz nach dem Motto „Der erste Eindruck zählt", sollte das Profil übersichtlich gestaltet sein. Ein ansprechendes Profilbild, auf dem die Einzelheiten gut erkennbar sind, der Text gut lesbar ist und das zum Motto des Profils passt, ist das A und O. Es sollte mit einem Blick ersichtlich sein, was den Nutzer auf dem Profil erwartet, mit welcher Art von Content der Kunde rechnen kann. Ist es also ein Profil, wo über das tägliche Training und den Lifestyle mit Hund berichtet wird, passt ein Auto als Profilbild nicht ins Schema und könnte eventuelle Follower verwirren.

Auch der Nutzername sollte leicht lesbar, klar und verständlich sein. Man sollte ihn einfach wiedergeben können. Auch ein Bezug auf den Kontext des Profils ist möglich. Je origineller der Profilname ist, umso leichter bleibt man im Gedächtnis. Gerade für Firmen sollte es aber nichts allzu Ausgefallenes sein. Hier hält man sich am besten an den eigenen Firmennamen, um von potenziellen Kunden schnell und einfach gefunden und identifiziert zu werden. Für das SEO auf Instagram bietet es sich an in Profilnamen direkt das Thema des Kanals aufzunehmen. Ist man Experte für Verkaufspsychologie kann man den Begriff direkt im Namen mit aufnehmen. Interessenten, die nach diesem Begriff in der Suche suchen, werden das Profil dann einfacher finden.

Die Biografie ist direkt unter dem Profilbild zu finden und ist eine Art Kurzbeschreibung der eigenen Person oder des Unternehmens. Hier sollte, um beim obigen Beispiel des Hundetrainings zu bleiben, kurz erklärt werden, welche Thematiken den Follower erwarten, also beispielsweise: *Einblicke in das tägliche sportliche Training und das alltägliche Leben mit meinem Hund.* Die Beschreibung darf durchaus auch in Stichpunkten sein oder eine Aufzählung enthalten. Auch hier sind der Fantasie keine Grenze gesetzt. Die Vorgabe: wenig ausschweifend, sondern klar und prägnant.

Zu guter Letzt sollte im eigenen Profil immer eine Kontaktoption vermerkt sein. Dies ist oftmals in Form einer E-Mail-Adresse vorteilhaft. Hier kann auch extra für das Instagram-Konto eine eigene Adresse angelegt werden. Gerade für Influencer, denen potenzielle Jobs angeboten werden können, ist die E-Mail-Adresse die bessere Wahl als eine Direktnachricht via Instagram, da diese oftmals und leicht untergehen und übersehen werden kann.

Funktionen

Instagram ist mit mehreren Funktionen ausgestattet: dem Feed, den Storys, den IG-TV-Videos und seit neuestem den Reels. Woraus diese bestehen und worauf bei der Erstellung zu achten ist, wird in diesem Kapitel erklärt.

Feed

Aufgebaut ist der Feed wie eine klassische Foto-Sharing-Plattform. Prinzipiell gibt es den News-Feed, den der Nutzer beim Einschalten der App vorfindet und wo die Beiträge gelistet sind. Und dann gibt es noch den eigenen Feed, der unter der eigenen Profilseite zu finden ist und alle Beiträge enthält, die man bisher gepostet hat. Sortiert in chronologischer Reihenfolge.

Dem Nutzer werden in seinem News-Feed die Beiträge der Creators, Influencer und Firmen angezeigt, denen aktiv gefolgt wird. Dabei werden die neuesten Beiträge zuerst angezeigt und dann in chronologischer Reihenfolge rückwärts dargestellt.

Nun folgen die meisten User auf Instagram sehr vielen Konten (>100), sodass an einem Tag kaum alle Beiträge von allen gefolgten Konten angesehen werden können. Hier rankt Instagram nach der Beliebtheit des einzelnen Users. Wenn man also im eigenen News-Feed unterwegs ist, werden einem zuerst die Beiträge angezeigt, von den Konten, mit denen man regelmäßig interagiert, also Likes verteilt oder beispielsweise Kommentare hinterlässt. Also die Konten, denen man selbst aktiv folgt.

Der eigene Feed wiederum sollte möglichst ansprechend gestaltet sein. Hier ist die Devise: einheitlich und interessant. Man kann die Fotos beispielsweise immer mit dem gleichen Filter versehen, um ein einheitliches Farbschema zu erreichen. Natürlich ist letzten Endes immer das Einzelbild entscheidend und ein Profil, welches ständig nur Bilder in einem sanften Pastell-Rosa postet läuft Gefahr, irgendwann langweilig zu werden. Andererseits wirkt ein uneinheitlicher Feed schnell unordentlich, chaotisch und weniger ansprechend.

Hier ist es jedem selbst überlassen, wie sein Feed gestaltet werden soll. Man kann beispielsweise immer dieselbe Vorlage nehmen, Bilder und Texte immer im selben Layout gestalten oder eben mit einem einheitlichen Farbschema arbeiten. Auch das Posten von Bildern über mehrere Posts hinweg, sodass sich das Gesamtbild erst später im Feed offenbart, ist eine sehr schöne Möglichkeit, den Feed auf den ersten Blick einheitlich und harmonisch wirken zu lassen.

Natürlich gibt es auch Profile, die sich weniger Gedanken über einen einheitlichen Feed machen und trotzdem sehr erfolgreich sind. Dies zeigt, dass es hier nicht die eine Lösung für alle Fälle gibt, sondern dass auch dies stark von der Zielgruppe abhängt und immer auch von den eigenen Wünschen und Zielen des Influencers oder des Unternehmens.

Storys

Die Instagram-Story-Funktion basiert auf einem kurzzeitigen Hochladen von Fotos und Videos. Diese sind für 24 Stunden verfügbar, ehe sie von der Plattform verschwinden und nicht mehr angesehen werden können.

Die meisten Influencer nutzen die Story-Funktion für einen hautnahen Einblick in ihr Leben. Sie nehmen die Follower sozusagen Live mit durch ihren Tag und reden mit ihnen. Hierüber können Unboxings gedreht werden, FMAs (Follow Me Around), Q&As (Question and Answer) und noch viele andere Formatideen. Dem Nutzer sind keine Grenzen gesetzt in der Gestaltung der eigenen Storys. Gerade Q&A´s bieten sich für Unternehmen an. Dort bekommt man nämlich bei einer Frage automatisch eine private Nachricht des Kunden und kann somit mit ihm privat in Kontakt treten und eine Frage beantworten.

Auch in den Storys sind Hashtags gut zu verwenden, um die Reichweite zu steigern und die Storys quasi zu kategorisieren. Auch das Verwenden von Presets, das Auffordern zu Challenges, die Beantwortung von Fragen und vieles mehr können in Instagram Storys verpackt werden.

Selbst für Unternehmen ist es sinnvoll, sich die Storyfunktion anzusehen, denn Instagram bevorzugt in seinem Algorithmus auch Konten, die alle Funktionen der Plattform zu nutzen verstehen. Dennoch ist es keine Pflicht, Instagram Storys zu drehen, man kann auch nur mit der Posting-Funktion im Feed arbeiten. Hierbei sollte aber beachtet werden, dass einem einige Follower durch die Lappen gehen können. Vor allem diejenigen, die bevorzugt Storys ansehen, statt im Feed zu scrollen.

Das Posten des eigenen aktuellen Beitrags in der eigenen Story kann gerade diese Gruppe Follower dazu anregen, sich durch einen Klick auf das Bild von der Story direkt zum Beitrag weiterleiten zu lassen.

Auch das Markieren von anderen Influencern in der eigenen Story ist möglich und gewährt es diesen, die Story in der eigenen Instagram-Story zu reposten. Dies macht diese Funktion gerade für Community-Mitmach-Spiele interessant, da unter einem bestimmten Hashtag und mit der Markierung der eigenen Person die Follower dazu angeregt werden, ebenfalls Content zu produzieren, den man dann selbst einfach in der Story repostet. Dies generiert nicht nur leichten Content, sondern stärkt auch die Bindung zu den eigenen Followern, die sich oftmals geschmeichelt fühlen, in der Story ihres „Idols“ aufzutauchen.

Instagram-Storys können mit einer Reihe verschiedener Filter und Effekten belegt werden, die von Beauty-Filtern über die Anzeige des Datums und der Uhrzeit, bis hin zu Special Effects reichen, mit denen spektakuläre Aufnahmen möglich sind. Je nach Zielgruppe und Zweck des Profils eignen sich manche Filter mehr andere eher weniger für den Einsatz.

Live-Videos

Die Storyfunktion kann auch dazu verwendet werden, ein Live-Video zu starten, bei dem die Teilnehmer in Echtzeit Fragen stellen können, die der Influencer oder die Mitarbeiter vor der Kamera, dann beantworten können. So können Produkt-Launches groß aufgezogen werden oder ein Influencer kann ein Thema mit seiner Community diskutieren. Ein Q&A live zu veranstalten, ist ein häufiger Grund für ein Live-Video.

IGTV

Hinter IGTV verbirgt sich „Instagram TV“. Kurze Videos (bis zu einer Minute) können auch in den Feed hochgeladen werden, doch alle Videos, die über eine Minute lang sind, müssen entweder aufgesplittet werden oder können in einem IGTV verpackt werden. Diese Funktion ist auf dem Profil neben dem Feed zu finden.

Im normalen News-Feed werden die IGTV mit angezeigt. Nach Ablauf einer kurzen Vorschau kann der Nutzer auf „Weiter ansehen“ tippen, sodass das IGTV dann in voller Länge abgespielt wird.

Auch abgeschlossene Livestreams können als IGTV gespeichert und so für Follower festgehalten werden, die vielleicht keine Zeit hatten, den Livestream zu gucken oder den Anfang / das Ende verpasst haben.

Reels

Ende Juni 2020 wurde von Instagram die Funktion „Reels" präsentiert. Diese Kurzvideos, mit einer Länge von bis zu 15 Sekunden, sind Facebooks Antwort auf TikTok und sollen nun auch wieder vermehrt jüngere Nutzer auf die Plattform locken und dort halten.

Aufgenommen werden die Reels direkt über die Storyfunktion, wo die Funktion Reels ausgewählt werden kann. Ähnlich wie bei TikTok kann die Geschwindigkeit bearbeitet, das Video mit eigener Sprache oder einer vorgefertigten Musik unterlegt und mit einer Reihe von Effekten belegt werden.

Zu finden sind die Reels im Profil als eigenes Icon neben dem Feed, den IGTVs und den Markierungen und sie werden, wie alle anderen Posting-Arten auch, direkt im News-Feed den Followern präsentiert.

Instagram Business

Bei Instagram gibt es die Möglichkeit, einen Account speziell für Unternehmen anzulegen, wie weiter oben schon erklärt wurde. Dadurch erhält man zahlreiche Einblicke in die Instagram Insights. Erscheinungsbild des Accounts und die Posting-Funktionen bleiben ansonsten identisch.

Zu den Statistiken, die sich für das Konto allgemein, aber auch für jeden Post oder jede einzelne Story anzeigen lassen, gehören:

- Entwicklung der Followerzahl
- Profilaufrufe
- Klicks auf die Website
- Reichweite der einzelnen Beiträge
- Interaktionen auf die Beiträge in Menge und Art
- Beiträge mit den meisten Likes, meisten Shares und den meisten Kommentaren

- Demografische und geografische Merkmale der Follower
- Aktivste Tage und Uhrzeiten der Follower

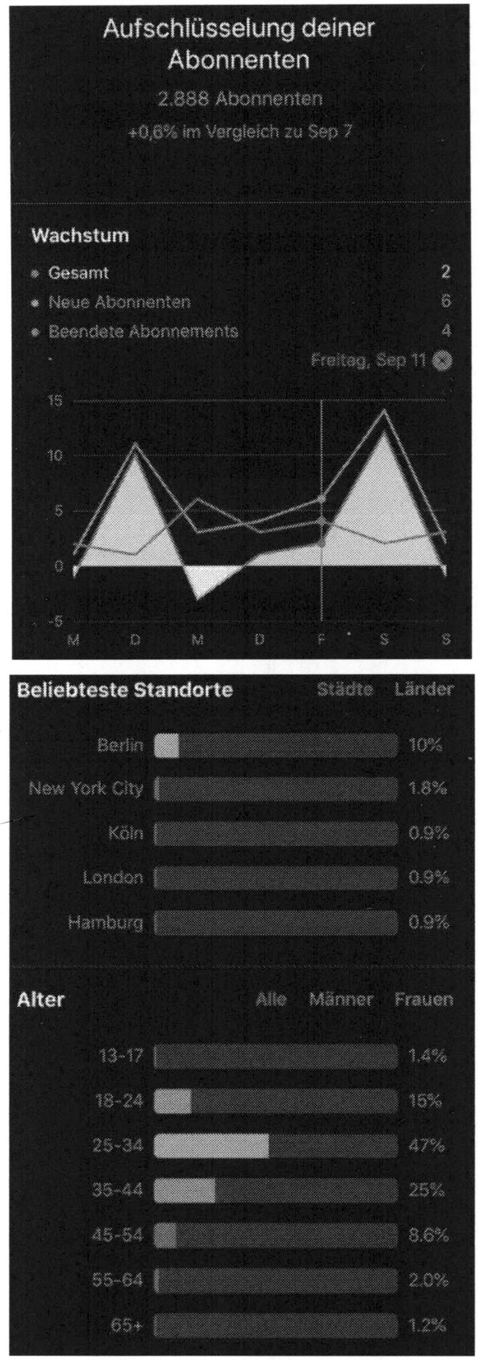

Abbildung 10: Instagram Statistiken

Dies ist nur eine kleine Auswahl aller Funktionen, die mit einem Instagram Business-Account abgerufen werden können.

Gerade für die Stories sind die Insights noch genauer. Zu den oben genannten Funktionen, kann für eine Story auch noch festgestellt werden, wie häufig diese geklickt und wie häufig sie verlassen wurde.

Selektieren kann man bei diesen Kennzahlen nach Echtzeit in 7, 14, oder 24 Stunden.

Die Ergebnisse liefern somit wertvolle Informationen. Nämlich wie die Beiträge bei den Followern ankommen bzw. welche Themen gerne angenommen werden. Auch die Uhrzeit, wann die meisten Follower online sind, kann genutzt werden, um den Zeitpunkt der Postings zu planen, was für den Algorithmus von Bedeutung ist (siehe nachfolgendes Kapitel „Algorithmus".)

Auch die Angaben in der Biografie zwischen privatem und Geschäftsaccount unterscheiden sich etwas. Neben der Wahl eines Tätigkeitsfeldes, einem Leistungsangebot und dem Geschäftsstandort inkl. Wegbeschreibung, können zusätzlich verschiedene Buttons genutzt werden. Bei diesen gibt es die Möglichkeit, die Telefonnummer oder E-Mail-Adresse zu hinterlegen, sodass den Followern eine Kontaktaufnahme so einfach wie möglich gemacht wird.

Zuletzt können mit einem Business-Account auch Beiträge beworben werden. Ähnlich wie das auf Facebook möglich ist. Dazu gibt es den „Hervorheben"-Button. Ich kann dir aber wirklich nur davon abraten, deine Beiträge langfristig über den "Hervorheben"-Button zu bewerben. Generell sollte man vorsichtig mit Facebook Werbeanzeigen sein, wenn man sein Geld nicht verbrennen will.

Falls du trotzdem deine Beiträge selbst über den "Hervorheben"-Button bewerben willst, dann siehst du in den folgenden Bildern, welche Einstellungen du treffen kannst.

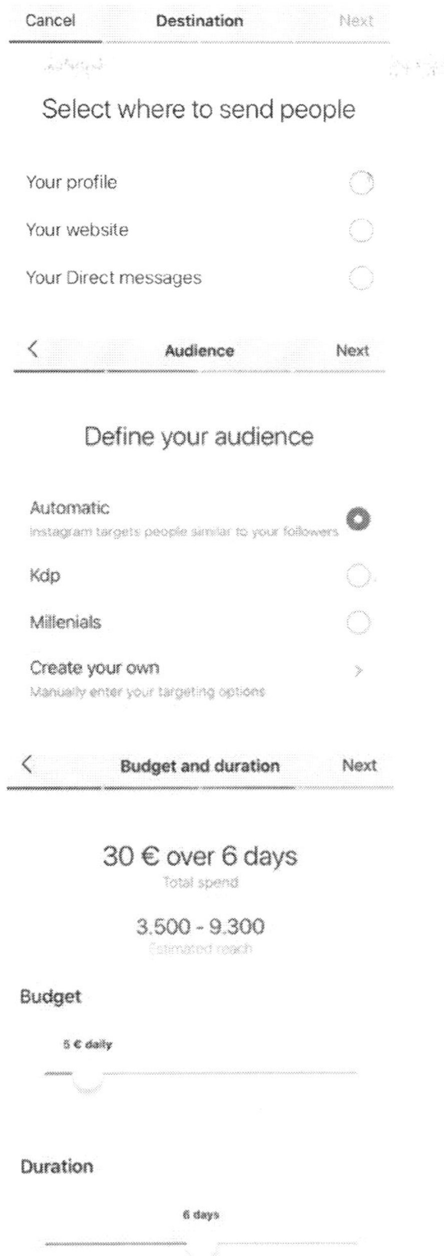

Abbildung 11: Instagram Werbeanzeige erstellen.

Algorithmus

Wie im Unterkapitel „Feed“ schon angesprochen, rankt Instagram für den einzelnen Nutzer die Beiträge nach Interesse und Aktualität. Diese Aufgabe wird vom Instagram Algorithmus übernommen, welcher nach sechs Faktoren sortiert:

1. Interesse
2. Aktualität
3. Interaktion
4. Häufigkeit (wie oft ist der Nutzer online?)
5. Follower (wie vielen Accounts wird gefolgt?)
6. Nutzung der App (Was wird häufiger genutzt: Fotos, Storys, Videos?)

Natürlich wird der Algorithmus ständig erweitert und aktualisiert, weshalb diese Faktoren und ihre Reihenfolge sich durchaus mit der Zeit ändern können.

Dank des Algorithmus lernt Instagram nun, welche Beiträge für den einzelnen Nutzer interessant sein könnten und priorisiert einzelne Postings vor anderen.

Passender Content

Wie schon weiter oben beim Ausfüllen der Biografie erwähnt wurde, gehen die meisten Nutzer von Instagram mit einer gewissen Erwartungshaltung an die Profile von Creators und Influencern sowie der Firmen heran. Wenn beispielsweise in der Biografie geschrieben wird, dass es sich bei diesem Profil um das tägliche Training des eigenen Hundes dreht, werden nur die Leute auf „Folgen“ klicken, die das Hundetraining auch wirklich interessiert. Diese erwarten nun aber auch, dass es Content gibt, der sich voll und ganz um dieses Thema dreht.

Es sollte also nicht plötzlich angefangen werden, von der eigenen Vorliebe für schnelle Motorräder zu schwärmen und nur noch Motorradfotos zu posten. Dazu könnte man dann leichter ein weiteres Profil anlegen und eine vollkommen andere Zielgruppe bedienen.

Der abgelieferte Content ist also extrem wichtig, um langfristig auf Instagram Erfolg zu haben, denn nur wer seinen Followern einen gewissen Mehrwert bietet und sie gut unterhält, bleibt lang in den Köpfen der Community kleben und wird regelmäßig mit Likes, Kommentaren, Shares und dergleichen unterstützt.

Um Ideen zu entwickeln, über was geschrieben werden kann, kann man sich auf Profilen umsehen, die die eigene Zielgruppe interessant findet. Hier bitte keine Themen stehlen, sondern sich nur inspirieren lassen!

Auch das Anlegen von Themenclustern ist eine gute Möglichkeit. Eine kurze, oder auch intensivere, Google-Suche zu großen Keywords lässt einen mehrere kleinere Unterthemen finden, die in das Cluster integriert werden können. So kann man ein ganzes Netz aus Themen kreieren, die alle beim großen Keyword in der Mitte zusammenlaufen. Dieses Keyword bildet den Roten Faden des Profils, den Grund, warum das Profil existiert und ist das Überthema, das beleuchtet werden soll.

Zum passenden Content wird oft auch die Frage gestellt, wie oft auf Instagram gepostet werden sollte. Sehr regelmäßig! Es ist zwar nicht nötig, täglich einen Post zu verfassen, doch eine gewisse Regelmäßigkeit, auf die sich die eigenen Follower verlassen können, macht es ihnen leichter, einem zu folgen und die neuen Beiträge dann auch zu finden und zu liken. Feste Zeiten wären eine gute Möglichkeit, diese Regelmäßigkeit zu praktizieren und auch den Followern klar zu kommunizieren: Immer am Mittwoch um 19 Uhr geht z.B. ein neues Posting online.

Mehr Reichweite

Das Ziel eines jeden Instagram-Nutzers egal ob Influencer oder Unternehmen ist es, eine möglichst hohe Reichweite zu generieren. Dies kann auf unterschiedliche Weise erreicht werden.

Hashtags sind, wie schon gelernt, eine sehr gute Möglichkeit, die Reichweite natürlich (organisch) zu steigern. Im Posting sind bis zu 30 Hashtags und in der Instagram Storys bis zu 10 erlaubt. Diese sollten immer zum Bildmotiv passen, um die Erwartungshaltung der User zu befriedigen und kann durchaus auch eigene Brand Hashtags beinhalten. Im Posting sollten ca. 7-12 Hashtags genutzt werden, wenn man noch einen Account hat, der eine geringere Followerzahl aufweist. Für große Accounts sind auch weniger Hashtags (bis zu 5) ausreichend, um eine hohe Reichweitensteigerung zu generieren.

Hashtags kommen in den Storys ebenfalls gut an. Dort kann auch das sogenannte Geotagging genutzt werden, indem die Orte, an denen man sich befindet, markiert werden können. Dies kann die Reichweite auch enorm erhöhen.

Interaktion mit der eigenen Community ist ein weiterer wichtiger Punkt auf der Liste. Je aktiver man selbst unterwegs ist, je mehr ehrliche Kommentare und Herzen man dalässt, umso besser wird der eigene Content platziert und natürlich interagieren dann auch die anderen User mehr mit dem eigenen Profil. Gerade Shoutouts sind eine beliebte Interaktionsmöglichkeit. So kann man kleineren Accounts die Möglichkeit geben, mehr Follower zu bekommen und bekommt im Gegenzug vielleicht ebenfalls ein Shoutout eines anderen Accounts. So können sozusagen Follower geteilt werden.

Und natürlich sollte man auf allen anderen Social-Media-Kanälen, auf denen man unterwegs ist, für sein Instagram-Profil werben.

Hier darf natürlich auch einer wieder nicht fehlen: der Content mit Mehrwert. Wenn es einem gelingt, Content zu erschaffen, der die Follower weiterbildet, ihnen Tipps und Tricks zeigt oder einfach so interessant ist, dass er gern geteilt wird, erreicht man durch das Weiterleiten des Contents durch die eigenen Follower wiederum deren Follower, die dann einen Like und im besten Falle auch ein Follow auf dem eigenen Account dalassen.

Auch Storys zum Mitmachen sind ein guter Publikumsmagnet. Oftmals gibt es auf Instagram auch verschiedene Challenges oder Storyvorlagen, die man ausfüllen kann und damit seine Follower dazu auffordert, ebenfalls mitzumachen. Man kann sozusagen ein kleines Communityevent veranstalten.

Engagement Rate

Diese Kennzahl macht den einzelnen Influencer interessant für eine Kooperation mit einer Firma. Darunter wird prinzipiell verstanden, wie gut die Interaktion der Community mit den einzelnen Beiträgen des Influencers ist. Dies ist tatsächlich eine von der Followerzahl unabhängige Kennzahl.

Grob gesagt, sind vor allem die Influencer als Werbepartner interessant, die eine hohe Engagement Rate haben. Also unter deren Posts viele Leute kommentieren, wo eine rege Diskussion stattfindet und der Influencer engagiert auf seine Follower eingeht, die Kommentare beantwortet, Fragen klärt und auch mal mit diskutiert.

Diese Profile erreichen teilweise, trotz einer geringeren Followerzahl, mehr Menschen und können für das Unternehmen von stärkerem Nutzen sein.

Instagram Shopping

Instagram Shopping ist vor allem für Unternehmen interessant aber auch für Influencer oder Blogger, die ihre eigenen Produkte direkt über Instagram vermarkten wollen. Dies macht es den Followern sehr leicht, dort, wo sie die Produkte sehen, auch direkt kaufen zu können.

Durch die Verknüpfung des Contents mit der Kaufoption, können Follower, durch einen gepflegten Feed und regelmäßigen, interessanten und informativen Content, sich mehr und mehr mit der Marke identifizieren und schließlich den Kauf abschließen. Das sogar ohne Instagram verlassen zu müssen.

Um die Funktion Instagram Shopping nutzen zu können, wird ein Produktkatalog hinterlegt. Dies ist nur in Verbindung mit Facebook möglich. Die Verknüpfung von Instagram-Konto und Facebook-Konto ist allerdings sehr einfach und schnell durchgeführt.

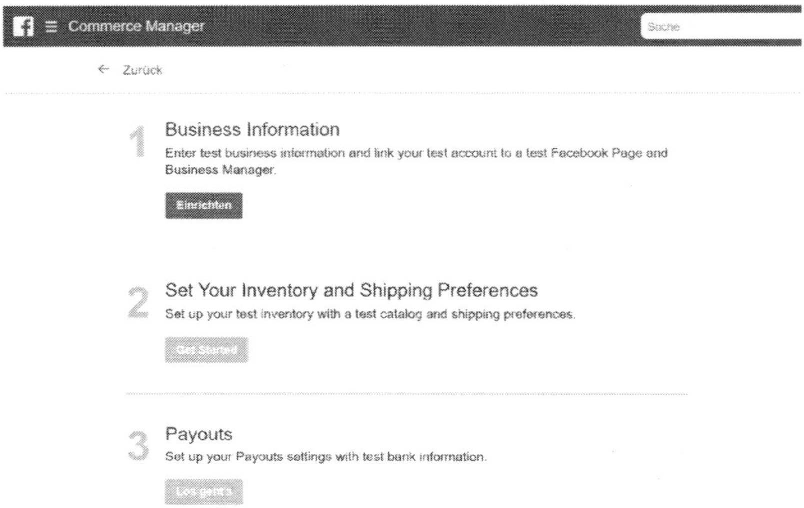

Abbildung 12: Instagram Shopping

Facebook wird nun durch eine Reihe von Schritten führen, bei dem ein Produktkatalog angelegt, oder ein bereits auf Facebook hinterlegter Produktkatalog mit dem Instagram-Konto verknüpft werden kann. Wichtig ist es, die Funktion „E-Commerce“ auszuwählen. So erscheinen Shopping-Tags auf den Bildern in Story und Feed, sodass die Follower direkt sehen, welche Produkte auf dem Bild zu sehen sind und welche man davon kaufen kann.

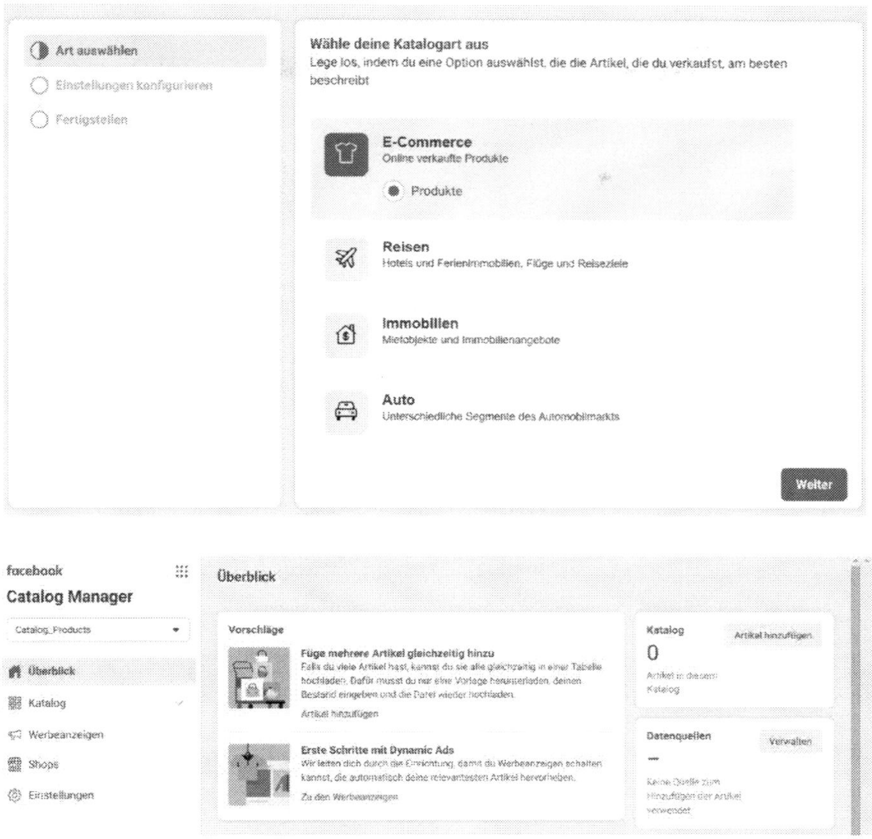

Abbildung 13: Facebook Catalog Manager

Sind alle Schritte abgeschlossen, wird der Account zur Überprüfung eingereicht. Dies kann wenige Tage bis hin zu zwei Wochen dauern. Ist der Account dann freigegeben, kann die Einrichtung abgeschlossen werden und der Shop ist fertig.

In von nun an hochgeladenen Bildern in der Story oder im Feed können nun Produkte markiert werden, die im Produktkatalog eingepflegt sind. Auch ältere Bilder aus dem Feed können übrigens im Nachhinein noch mit Shopping-Stickern belegt werden.

In Postings können normalerweise bis zu fünf Artikel mit einem Shopping-Sticker gekennzeichnet werden. Bei Karussell-Posts steigt dieses Limit auf zwanzig (mehr zu Instagram Carousels im nächsten Unterkapitel), sodass hier auch ganze Kollektionen oder zugehörige Produkte gemeinsam vermarktet werden können.

Shopping-Storys haben ein Limit von einer Markierung eines Produktes. Hier muss, wenn mehrere Produkte erwähnt werden sollen, eine Reihe von Storys geschaltet werden oder in der Story auf einen Post verwiesen werden, wo der Follower weitere Informationen abrufen kann.

Dem User wird in einer Story ein kleines Einkaufstaschen-Icon angezeigt, wenn die Story ein zu kaufendes Produkt beinhaltet. Hier kann bei weiterem Interesse dann das Symbol angetippt werden.

Werbeanzeigen mit Instagram Shopping sind nicht möglich. In geschalteten Ads ist das Markieren von Produkten bisher von Instagram nicht zugelassen.

Um mit den Instagram Shopping Funktionen bei den Followern zu landen, sollten drei wesentliche Punkte beachtet werden:

- Konsistenz: Wie immer im Marketing sollte nur mit dem geworben werden, was das Produkt auch hergibt, um Unzufriedenheit der Kunden zu vermeiden.
- Bildunterschriften: Ein Bild sagt mehr als tausend Worte, doch oftmals wird es nicht von allen gleich verstanden. Wie wir Bilder interpretieren, hat auch viel mit unserer eigenen bisherigen Erfahrung zu tun. Deshalb ist eine Bildunterschrift sehr wichtig. Bei Instagram werden nur etwa die ersten 2-3 Zeilen direkt unter dem Bild angezeigt. Um alles andere zu sehen, muss der Nutzer den weiteren Text aufklappen. Deshalb sollten gerade in diesen ersten Zeilen der Anfang Interesse weckend verfasst werden. In der weiteren Bildunterschrift kann ein Call-to-Action eingebaut werden, also eine Aufforderung an die Follower, aktiv zu werden. Beispielsweise können sie aufgefordert werden, dem Link in der Biografie zu folgen, einen Kommentar zu hinterlassen, einen Freund zu taggen oder eine andere Interaktion auszuführen.

- Content: Wieder einmal dreht sich alles um den erstklassigen Content, der die Follower bewegt, ihnen gefällt und dem Influencer bzw. dem Unternehmen die Followerzahl sichert.

Karussell-Postings

Hinter dem Namen „Instagram-Karussell" versteckt sich die Funktion, in einem Posting mehrere Bilder und/oder Videos hochzuladen. Bis zu 10 Bilder können hierbei ausgewählt werden, sodass dem Nutzer in einem Posting mehrere Bilder, Videos oder eine Mischung aus Videos und Bildern präsentiert wird.

Zusätzliche Apps für Instagram

Im App-Dschungel von Android und iOS tummeln sich Dutzende Apps, mit denen man seinen Content für Instagram aufhübschen kann. Von StoryMaker-Apps, die einem Vorlagen für eine schön gestaltete Insta-Story liefern, über Bildbearbeitungsprogramme bis hin zu Videoschnittprogramme gibt es einiges, was dem passionierten Content Creator dabei helfen kann, seinen Feed und seine Story bemerkenswert zu gestalten. Einige dieser Apps sind nun beispielhaft aufgelistet:

- StoryStar
- Highlight CoverMaker
- InStory
- StoryPic – Story Maker
- GridStar
- GITTER für Instagram

- IGFonts
- Canva
- Photo Collage
- Phinsh
- YouCollage
- YouCut
- Boosted
- InShot
- Timbre
- Mojo
- Unfold
- Text on Photo
- Photoshop Lightroom

Diese Liste ist natürlich längst nicht vollständig und die verwendeten Apps sind immer vom Benutzer abhängig und auch von den Zielen, die verfolgt werden. Gerade die Apps, die es ermöglichen, ein Bild so aufzusplitten, dass es in mehreren Postings eingesetzt wird und dann im Feed ein fertiges Gesamtbild ergibt, sind auf jeden Fall einen Blick wert. Dies wertet den Feed extrem auf und ist ein wahrer Hingucker. Apps, die dies können, sind bspw. GridStar und GITTER für Instagram.

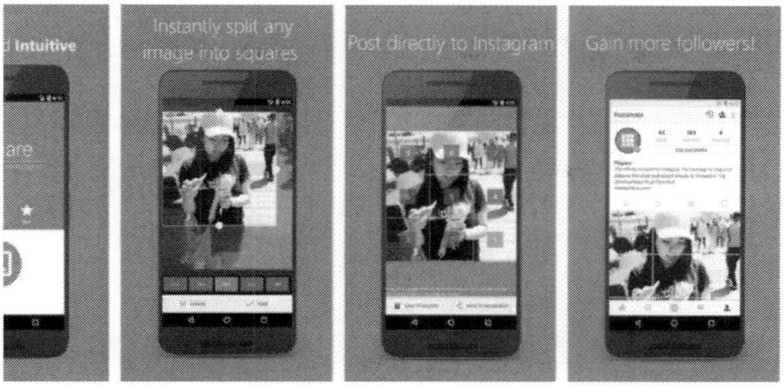

Abbildung 14: Tools für Instagram

Marketing mit Facebook

Facebook ist zum Inbegriff von Social Media geworden. 1,5 Mrd. Menschen weltweit nutzen die Plattform, oftmals sogar täglich. In Deutschland verzeichnet Facebook eine Nutzerzahl von 28 Millionen und liegt damit noch etwas vor Instagram. Durch die Verknüpfung der beiden Plattformen ist das Werben auf Facebook und auf Instagram gleichzeitig sehr einfach möglich.

Facebook Grundlagen

Facebook, gegründet im Februar 2004, ist eine Plattform, die heutzutage so gut wie jeder kennt. Sie rankt mit Google, Amazon und Apple auf den führenden Plätzen der Weltrangliste der erfolgreichsten Technologieunternehmen und ist nicht nur für Privatpersonen interessant, sondern bietet auch Firmen, Content Creators und Influencern eine Plattform.

Profil

Wie bei allen anderen Social-Media-Plattformen gibt es ein Profil auch auf Facebook. Dies ist die private Seite des Nutzers, die dieser vollkommen frei gestalten kann. Hier werden Profilbilder und das Titelbild oder -video hochgeladen sowie die Informationen, die man mit der Welt teilen möchte. Hier kann der Nutzer auch verschiedene Fotoalben hochladen und gestalten und in seiner Chronik posten. Es kann ausgewählt werden, ob das Profil öffentlich ist oder ob nur befreundete Nutzer die Informationen sehen können.

Chronik

Die Chronik ist quasi der Feed des Nutzers. Hier sind alle Beiträge in chronologischer Reihenfolge aufgelistet. Dabei können reine Textbeiträge, Fotos oder Videos gepostet, aber auch Beiträge von anderen Nutzern repostet werden. Die Chronik-Beiträge können mit dem Datum versehen werden, man kann einen Ort hinzufügen, andere Personen markieren und ein Lebensereignis posten. Noch viele andere Funktionen sind für Facebook-Nutzer verfügbar.

Auch kann eingestellt werden, ob der Beitrag öffentlich sichtbar ist oder ob nur die befreundeten Nutzer die Beiträge sehen können.

Die Lebensereignisse, die dargestellt werden können, sind in verschiedene Kategorien eingeteilt. Doch es kann auch ein Ereignis selbst erstellt und gepostet werden.

Timeline

Die Timeline ist sowas wie der Story-Feed von Instagram. Hier werden Beiträge der Nutzer angezeigt, mit denen man selbst befreundet ist, von Seiten, die man mit dem typischen Facebook-Daumenhoch-Symbol („Gefällt mir“) markiert hat oder denen man folgt. Hier kann auch eingestellt werden, mit welcher Priorität Beiträge eines Nutzers bzw. einer Seite angezeigt werden.

Auch die Facebook Timeline wird von einem komplizierten Algorithmus gesteuert, der die Anzeigereihenfolge der Postings festlegt.

Interaktionen

Die Facebook Postings können mit einer Reihe von Interaktionen beantwortet werden: liken, teilen, kommentieren, markieren anderer Personen und noch mehr. Auch die Direct Messages zwischen einzelnen Nutzern fallen unter den Bereich der gemeinsamen Interaktionen.

Beim Liken stehen dem Nutzer mehrere Emojis neben dem berühmten Facebook-Daumen zur Verfügung. „love", „Umarmung", „haha", „wow", „traurig" und „wütend" können in Form von Emojis als Reaktion auf ein Bild geklickt werden.

Prinzipiell gelten für die Interaktion auf Facebook sonst dieselben Spielregeln wie auf Instagram. Die Nutzer sollten regelmäßig dazu aufgefordert werden, eine Interaktion zu tätigen, um die soziale Komponente auf Facebook ebenso hoch zu halten. Aber Achtung wegen Click-Bait und Like-Bait! Der Facebook Algorithmus mag Sätze wie: „Wenn euch der Post gefallen hat, dann lasst doch ein Like da!" überhaupt nicht und wird den Verfasser dadurch strafen, dass der Beitrag deutlich weniger Aufmerksamkeit generiert, durch das Anzeigen in der Timeline hinter anderen für den Nutzer interessanten Beiträgen ohne Click-Bait.

Hashtags

Hashtags sind vorwiegend von Twitter und Instagram und nun auch TikTok bekannt. Doch auch Facebook kennt die Funktionalität der Hashtags und möchte diese auf der eigenen Plattform etwas bekannter machen und die User zur Nutzung anregen. Hierzu gibt es neuerdings Challenges und Hashtag-Bewegungen, die die Popularität steigern sollen.

Freundesliste

Um eine weite Vernetzung mit anderen Nutzern zu generieren, muss man Freundschaftsanfragen stellen und annehmen. So bekommen Freunde Einsicht in das Profil des anderen und können die Beiträge sehen, liken und mit ihnen interagieren. Auch das gemeinsame Nutzen von Spielen oder „Facebook Apps" ist nur möglich, wenn man miteinander befreundet ist.

Seiten

Als Künstler, Influencer, Creator, Unternehmen oder Marke kann man eine Seite erstellen, die zwar von vielen Funktionen dem Privatprofil gleicht, aber auch einige Unterschiede hat. Hier wird beim Beginn der Seitenerstellung eine Kategorie, zum Beispiel Unternehmen, gewählt. Der Vorteil dieser Seiten ist, dass Follower nicht mit einem befreundet sein müssen, um den Content angezeigt zu bekommen, sondern der Seite nur folgen müssen.

Gruppen

Ein weiterer von Facebooks großen Pluspunkten sind die Gruppen. In einer Gruppe können Dutzende bis zu hunderte Personen Mitglied werden. Oft werden die Facebook-Gruppen kategorisiert und die Beiträge, die dann in diesen Gruppen von allem Mitgliedern gepostet werden können, sollten natürlich zu dem Thema der Gruppe passen. Hier gibt es oft regen Austausch und Raum für Diskussionen zwischen Gleichgesinnten.

Über eine Gruppe sind mit einem Einzelposting mehr Leute zu erreichen, als wenn der Post nur in der eigenen Chronik gepostet wird. Aber hier sollte man sich vorher die Nutzungsregeln der Gruppen durchlesen, die die Administratoren für jede Gruppe nach eigenem Ermessen aufstellen können. Oftmals sind Werbebeiträge nicht gewünscht und können vom Admin auch wieder entfernt werden.

Es bietet sich auch definitiv an für die eigene Community eine Gruppe anzulegen. Gerade im Bereich Coaching und Beratung können dann dort Tipps und Tricks ausgetauscht werden. Gruppen erlauben auch den Zugang zur Zielgruppe zu intensivieren und man kann die Gruppenmitglieder individuell anschreiben. Dies kann vor allem dabei helfen, wenn man seine eigene Dienstleistung verkaufen möchte.

Chat und Messenger

Facebook bietet durch die Chatfunktion auch eine private Unterhaltung zwischen zwei Nutzern an, sodass mit Freunden auch über Facebook gechattet werden kann. Für mobile Endgeräte gibt es die App Facebook Messenger, die sich mit der Facebook-App auf dem Handy verbindet und dort die Chatfunktion ersetzt.

Facebook Live

Authentische, intime Beziehungen zu den Followern aufzubauen, die Kunden besser an ein Unternehmen zu binden, all dies ist mit der Funktion von Live-Videos noch einmal besser möglich als durch reine Postings. Diese Funktion der Live-Interaktion fühlt sich fast so an wie ein Kundengespräch. Man kann direkt auf Fragen eingehen, mit seiner Community interagieren und bekommt im Gegenzug direktes Feedback.

Facebook Shop

Auch ein Shop direkt über Facebook ist möglich und erstrebenswert. Hierzu gibt es im Kapitel „Online Vertrieb – Facebook Shop“ mehr.

Algorithmus

Ähnlich wie der Instagram Algorithmus ist auch der Facebook Algorithmus ein abschließendes Mysterium. Dennoch gibt es einige Regeln, an die man sich halten kann, um die eigene Reichweite auf Facebook zu steigern.

Content

Immer und immer wieder dreht sich alles um den Content. Nur zu posten um des Postens Willen ist nicht immer die richtige Entscheidung. Besser ist es, Content zu kreieren, der für die Follower und Nutzer von Facebook (und auch jeder anderen Social-Media-Plattform) einen echten Mehrwert bietet. Die Frage danach, welche Inhalte wertvoll oder unterhaltsam sind und wie diese zu verpacken sind, dass sie bei der Zielgruppe gut ankommen, ist immer aktuell.

Hierunter fallen beispielsweise Geheimtipps, lustiger Content, der ein Lachen auf die Lippen zaubert oder auch Insider-Wissen, das direkt aus dem Unternehmen kommt. Je mehr Likes und Interaktionen ein Beitrag erhält, umso besser werden die folgenden Beiträge gerankt.

Zeichenzahl

Eng verknüpft mit der Rate der Interaktion, ist die Zeichenzahl der Beiträge. Facebook ist, ebenso wie die anderen Social Media Kanäle, ein schnelllebiger Kanal und die User möchten sich nicht erst durch meterlange Textblöcke kämpfen, um den Sinn und Zweck des Postings nachzuvollziehen.

Statistisch belegt ist, dass Beiträge mit einer mittleren Zeichenzahl von 50 die meiste Interaktion erzielen konnten. Also gilt hier vor allem: kurz, knapp und prägnant schreiben. Natürlich ist auch diese Aussage nicht allgemeingültig und kann je nach Unternehmen, je nach Sinn und Zweck und auch je nach zu erreichender Zielgruppe an die Bedürfnisse angepasst werden.

Wem die Zeichenzahl nicht ausreicht, kann Facebook beispielsweise auch dazu verwenden, eigene Blogartikel zu verlinken und den Interessenten, die sich dann doch mit mehr Zeit dem Beitrag widmen möchten, den direkten Link zum Blog zu präsentieren.

Click-Bait vermeiden

Wie bereits angesprochen, bestraft der Facebook Algorithmus Postings, die offen Click-Baiting praktizieren. Hierunter fallen reißerische Überschriften und Formulierungen, die zum Klicken animieren sollen, wenn der Text, auf den dann weiterverwiesen wird, diese geweckten Erwartungen nicht erfüllen kann. Postings, die durch Click-Bait oder Like-Bait auffallen, landen automatisch im Ranking deutlich weiter unten.

Bilder

Auch Facebook lebt von den statischen und bewegten Bildern, die die Nutzer in ihrer Chronik hochladen können. Ganz nach dem Motto: „Bilder sagen mehr als tausend Worte“ erregen sie Aufmerksamkeit und sorgen dafür, dass der Nutzer kurz auf dem Beitrag verweilt, diesem ein Like hinterlässt und vielleicht sogar kommentiert oder den Beitrag teilt.

Gerade für Unternehmen ist Social Media eine Chance auch Blicke hinter die Kulissen zuzulassen, die Kunden ganz anders und viel näher an die Mitarbeiter zu binden, das Vertrauen zu dem Unternehmen zu stärken und am positiven Image zu arbeiten.

Zeitpunkt

Auch wichtig für den Algorithmus ist der Posting-Zeitpunkt. Hier geht es ebenfalls vorwiegend um die Rate der Interaktionen. Wenn also Posts getätigt werden, wenn viele Follower online sind, steigt die Zahl der Likes und Kommentare, sodass automatisch mehr Reichweite generiert wird.

Hier ist es entscheidend von der Zielgruppe abhängig, wann die Postings geplant werden. Schüler beispielsweise werden vormittags kaum ihren Facebook Feed checken, während hingegen viele Arbeitnehmer in der Mittagspause Zeit haben ihre Social Media Profile zu überprüfen.

Facebook Werbung

Ads schalten

Auf Facebook ist es Unternehmen möglich, bezahlte Werbeanzeigen zu schalten. Die Postings und anderweitiger Content bleiben dabei natürlich weiterhin kostenlos und können jederzeit veröffentlicht werden. Werbeanzeigen hingegen werden von Facebook abgerechnet. Dies kann sinnvoll sein, wenn ein Unternehmen mehr Reichweite aufbauen möchte oder seine Produkte an eine größere Zielgruppe bewerben will..

Das teils weit verbreitete Gerücht, dass nach Ablauf der Werbeanzeigen, die eigenen Beiträge von Facebook „abgestraft" werden und weniger Reichweite generieren würden, ist falsch. Dennoch ist es so, dass die Beiträge nach Ablauf der Ads erst mal weniger Reichweite haben. Dieses Phänomen ist darauf zurückzuführen, dass die Ads Personen erreicht haben, die diese weiterverbreitet haben und so eine größere Reichweite generiert haben, als es nur durch die Werbeanzeige geschehen ist. Diese zusätzliche Weiterverbreitung fällt natürlich auch geringer aus, wenn keine Anzeigen mehr geschaltet werden.

Facebook Pixel

Der Facebook Pixel ist ein Code-Schnipsel, der in die eigene Website eingebunden wird. Dieser trackt dann die Besucher und liefert Informationen an Facebook, sodass man dort die Werbeanzeigen ganz spezifisch anpassen kann und den Leuten sehr zielgerichtete Werbung angezeigt wird. Beispielsweise von den Dingen, die sie wenige Tage zuvor auf der Website angesehen haben.

Auch ist der Facebook Pixel ein Tool, um in den Facebook Analytics detaillierte Auskunft zu erhalten, ob die Werbeanzeige auch wirklich funktioniert hat. Also quasi wird angezeigt, wie oft die Anzeige angeklickt wurde, aber nicht nur das, sondern auch, ob die auf die Website weitergeleitete Person dann noch andere Handlungen dort vollzogen hat, wie beispielsweise Waren in den Warenkorb zu legen und im besten Falle auch direkt einzukaufen. Damit du siehst, ob sich der Pixel überhaupt auf deiner Seite befindet, lade dir die Chrome Erweiterung „Facebook Pixel Helper" herunter.

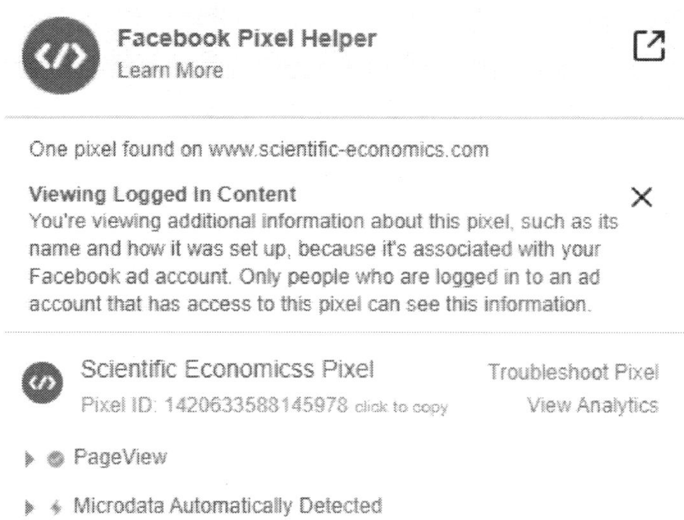

Abbildung 15: Facebook Pixel Helfer

Die Einbindung des Facebook Pixels funktioniert über einen Werbeanzeige-Manager und kann recht einfach vollzogen werden, wenn man die entsprechenden Vorkenntnisse hat. Nicht vergessen sollte man, die Datenschutzerklärung auf die Nutzung des Facebook Pixels hin anzupassen!

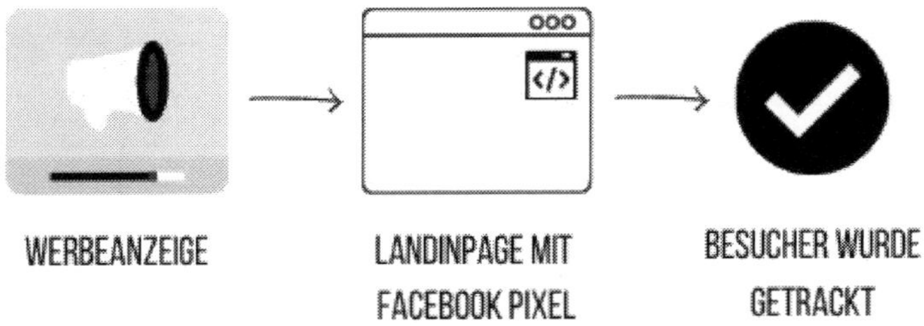

Tipps für bessere Beiträge

Um seine Facebook-Beiträge aufzuhübschen, sollten am besten alle Funktionen von Facebook genutzt werden, die die Plattform zu bieten hat:

- Linkvorschau verwenden: Nachdem die Linkvorschau von einem Textlink geladen hat, kann dieser aus der Beschreibung gelöscht werden, um den Beitrag ästhetischer zu gestalten.

- Markierungen: Personen können mit einem @ vor dem Namen markiert werden. Dies steigert die Reichweite und stärkt die Verbindung zwischen den Parteien.

- Bildbeschreibungen: Beim Teilen mehrerer Bilder in einem Post, können Bildbeschreibungen für die einzelnen Bilder hinzugefügt werden. Diese Funktion ist vor allem nützlich, um Produkte auf den Bildern zu betiteln.

- Produkte markieren: Statt die Produkte mit einem Textlink zu verknüpfen, sollte die Facebook Shopping-Funktion genutzt und die Produkte auf den Bildern markiert werden. Angezeigt wird dann ein kleines Einkaufstüten-Symbol.

- Partnerschaften: Bezahlte Partnerschaften können über eine entsprechende Funktion gekennzeichnet werden. Diese muss im Zweifel erst freigeschaltet werden.

- Video-Beschreibung: Beim Hochladen von Videos sollten alle Informationen ausgefüllt werden, inklusive Thumbnail, Schlagwörtern und Kurzbeschreibung.

- Zielgruppe: Hinter dem Weltkugelsymbol kann man auswählen, welchen Personen der Beitrag angezeigt werden soll.

- Standort: Wenn es zum Posting passt, sollte der Standort mit markiert werden. Dies ist vor allem sinnvoll, wenn es sich um Läden oder Locations handelt.

- Emojis und Gefühle verwenden: Emojis und GIFs sind oftmals ein Hingucker und erregen mehr Aufmerksamkeit als reiner Text. Hier sollte darauf geachtet werden, ob die Verwendung von Emojis zum Unternehmen oder dem Influencer und der Zielgruppe passt.

Facebook bietet dem Nutzer mehrere verschiedene Beitragsarten an. Diese zu nutzen ist nicht nur für den Algorithmus von Vorteil, sondern bringt auch etwas Abwechslung auf den Account und die Follower freuen sich über neue Beitragsarten. Mögliche Arten sind:

- Foto oder Video teilen
- Dein Unternehmen bewerben
- Angebot erstellen
- Live-Video starten
- Anrufe erhalten
- Nachrichten aktivieren
- Mache dein Unternehmen leichter auffindbar
- Veranstaltung erstellen
- Notiz schreiben
- Umfrage erstellen

Hier ist es sehr wichtig, eine Beitragsart zu nutzen, die auch zum eigenen Ziel passt. Eine Anzeige zu erstellen, um den Followern zu erklären, wie ein Produkt zu verwenden ist, verfehlt den Zweck der Anzeige, die beispielsweise eher auf eine Rabatt-Aktion hinweisen sollte.

Dies ist auch wichtig zu wissen, da die verschiedenen Beitragsarten dem Follower auch unterschiedliche Interaktionsmöglichkeiten geben. So können durch verschiedene Beitragsarten unterschiedliche Dinge verpackt werden. Bei Umfragen beispielsweise sollten die Nutzer direkt im Beitrag alle relevanten Informationen finden, die sie benötigen, um die Umfrage durchzuführen oder ein Kommentar zu hinterlassen.

Das Weiterleiten auf die eigene Homepage funktioniert zwar auch unter einem Posting mit Bildern, kann aber mit einer anderen Art vielleicht leichter und für den Follower nutzerfreundlicher gestaltet werden.

Auch äußere Faktoren beeinflussen die Reichweite. Regentage eignen sich besser zum faulen Couch-Potato-Leben mit dem Handy in der Hand. Erfahrungsgemäß ist im Winter auch mehr Traffic auf Social Media als im Sommer.

Gute Teaser-Texte können wahre Publikumsmagneten sein und mehr Reichweite für die Postings generieren. Oftmals wird durch einen schlechten Text viel Potenzial verschenkt. In einem guten Teaser-Text findet der Nutzer folgende Informationen:

- Was darf der Nutzer vom Posting erwarten?
- Weshalb ist es für den Nutzer relevant?
- Was ist das Problem des Nutzers und wie wird es gelöst?
- Was soll der Nutzer tun?

Es sollte niemals davon ausgegangen werden, dass der Follower genug Vorwissen hat, um einen komplexen Text zu verstehen. Lieber nimmt man sich etwas mehr

Zeit und erklärt nochmals die Grundlagen, sodass ein Blog-Artikel dann auch für jeden, ohne Vorkenntnisse, lesbar ist. Dies bezieht sich auch auf den Kontext, in dem der Beitrag auf Facebook erscheint: zwischen Dutzenden anderer Post, die sich um jedes x-beliebige Thema drehen.

Das eigene Vorschaubild in der Linkvorschau von Facebook ist das Markenzeichen eines Unternehmens, wenn ein Link über Facebook geteilt wird. Hier sollte unbedingt dafür gesorgt werden, dass Facebook alle nötigen Informationen bestehend aus einem guten Titelbild, einem aussagekräftigen Titel und einer kurzen Beschreibung bereitgestellt werden.

Auch die mobile Vorschau eines Postings sollte überprüft werden. Heutzutage öffnen mehr Nutzer Facebook vom Handy aus als von ihrem, mit einem größeren Bildschirm ausgestatteten, PC. Deshalb ist es sehr wichtig, dass auch in der mobilen Ansicht alle Textbausteine dort sind, wo sie hingehören, das Bild nicht abgeschnitten wird und das Layout an seinem Platz bleibt. Durch den kleineren Anzeigebildschirm auf dem Handy sollte auf verschnörkelte Schriften oder zu kleine Darstellungen verzichtet werden, sodass der Nutzer auch hier direkt versteht, was ihm angezeigt wird.

Zu guter Letzt sollten niemals die schlechten Beiträge beworben werden, die eh schon keine Aufmerksamkeit bekommen haben. Stattdessen sollten diejenigen Beiträge für eine Werbeanzeige genutzt werden, die durch viele Likes und viele Interaktionen punkten. Diese Beiträge kommen bei der Nutzerschaft gut an und haben in einer Werbeanzeige bessere Erfolgschancen.

Facebook Business Manager

Dieses Tool ist sicherlich nicht für jeden sinnvoll, der eine Facebook-Seite betreibt. Doch für Unternehmen oder Privatpersonen, die mehrere Facebook-Konten betreuen kann der Business Manager als zentrales Verwaltungstool durchaus vorteilhaft sein.

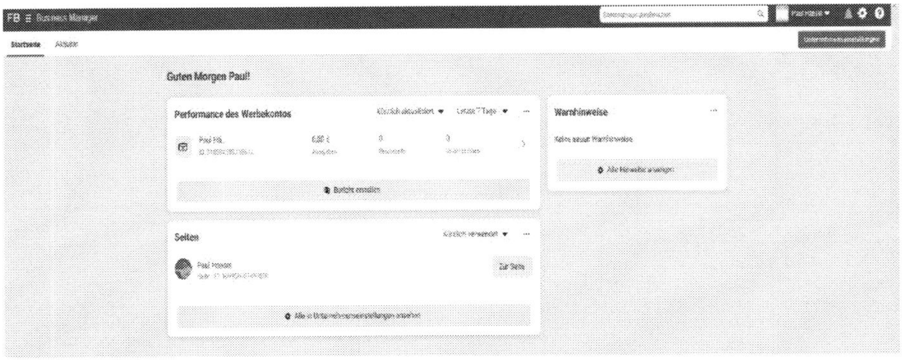

Abbildung 16: Der Facebook Business Manager

Allerdings ist die Bedienung des Managers nicht ganz einfach und bedarf einer längeren Erklärung, die in diesem Buch nicht gegeben werden kann. An dieser Stelle kann ich dir nur mein Buch "Facebook Marketing für Anfänger" empfehlen. In diesem Buch erfährst du, wie du mit Facebook Werbeanzeigen dein Produkt, deine Dienstleistung oder generell dein Angebot verkaufst und deine Bekanntheit ausbaust. Den Link dazu findest du am Ende dieses Buchs.

Facebook Analytics

Durch die Einblicke, die das kostenlose Analyse-Tool von Facebook den Geschäftskundenkonten bietet, kann sich auf langer Sicht eine Verbesserung des Social-Media-Auftritts erarbeiten lassen. Dabei ist es egal, woher letzten Endes die Daten generiert werden, ob direkt über Facebook oder über die Analyse des Nutzerverhaltens auf anderen Social-Media-Plattformen wie Twitter, Pinterest, Instagram, etc.

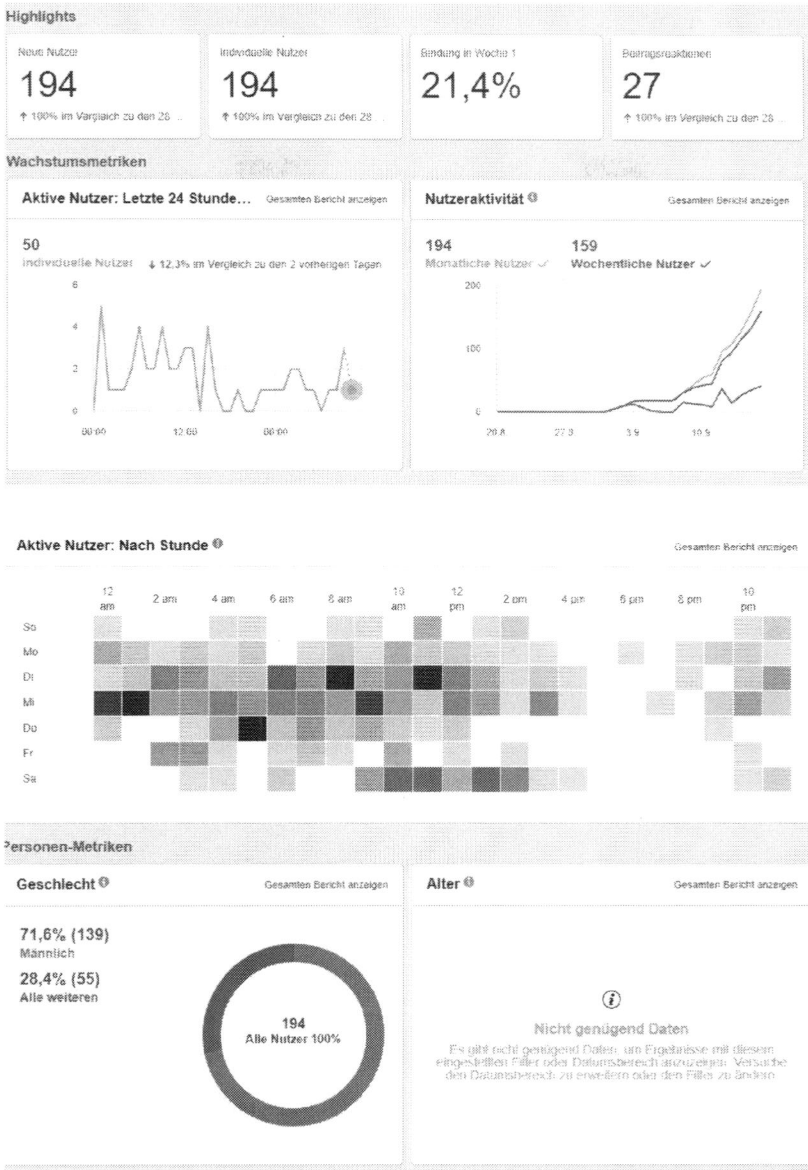

Abbildung 17: Facebook Analytics

Interessen der Follower und Social Listening

Letztendlich geht es immer um Follower und um Reichweite. Deshalb macht es Sinn, regelmäßig zu analysieren, was die Follower umtreibt. Welche Themen sind aktuell im Gespräch, welche Beiträge bekommen die meisten Likes? Gibt es Muster, beispielsweise in den Kommentaren oder wiederkehrende Fragen? Welche Probleme hat der Nutzer oder was würde er gerne verändern? All diese Daten können genutzt werden, um die nächste Werbekampagne oder die nächsten Postings zu planen. Auch das Eingehen auf den Follower ist von großer Wichtigkeit. So fühlen sie sich gehört und einbezogen und das Vertrauen zwischen Follower und Creator bzw. Firma wächst weiter.

Statistiken

In den Statistiken von Facebook kann man sich verschiedene Sachen anzeigen lassen. Beispielsweise die Gesamt-Gefällt-mir-Angabe für die eigene Seite. Auch die Beitragsreichweite und die Interaktionen können analysiert werden.

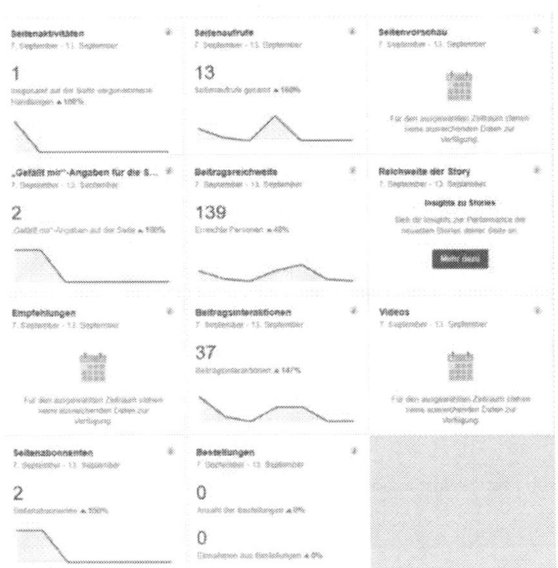

Abbildung 18: Facebook Statistiken

Hier ist vor allem interessant, dass jeder Post für sich analysiert wird, sodass man ganz genau sehen kann, welche Thematiken gut ankommen und welche von den Nutzern vielleicht eher weniger angenommen wurden.

Auch das Teilen von Fremdinhalten kann ein sehr guter Anhaltspunkt sein. Finden die eigenen User den Content interessant? Dann sollte schnell eigener Content rund um diese Thematik produziert werden, ehe die eigenen Follower zur Konkurrenz abwandern.

Bei dem Punkt „Gefällt mir“ kann nach einer Zeitspanne analysiert werden, um zu sehen, wie sich die Angaben im zeitlichen Verlauf, zum Beispiel im letzten Monat, entwickelt haben. Auch die Unterscheidung zwischen organischen und bezahlten „Gefällt mir“-Angaben ist möglich, sowie die Anzeige der Dislikes (Gefällt mir nicht mehr). So kann gleich erkannt werden, wann neue Follower hinzu gekommen sind, wann bestehende Follower die Seite disliken oder ob es bestimmte Tage gab, an denen es deutlich mehr Gefällt mir-Angaben waren. Bei überdurchschnittlichen Gefällt mir Angaben hat man dann vermutlich mit dem Content den Nerv der Community getroffen.

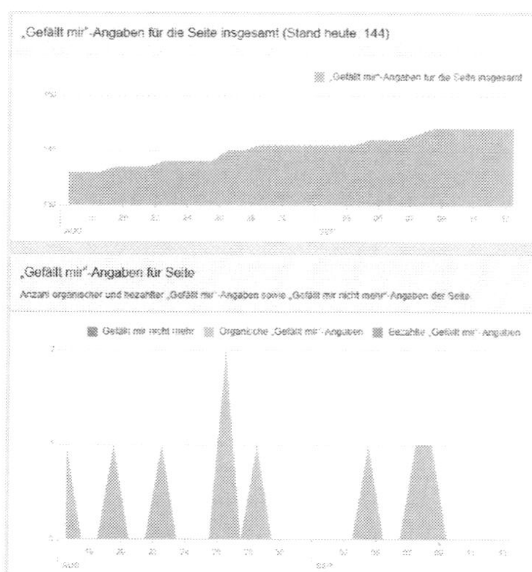

Abbildung 19: Facebook Gefällt mir Angaben

Die Reichweite zeigt im Prinzip ähnliche Zahlen für die einzelnen Postings. Eine Aufschlüsselung nach Likes, Kommentaren und Shares ist hier möglich. Auch die genaue Zeit der Interaktionen kann angezeigt werden, sodass einzusehen ist, wann die User am meisten mit dem Beitrag interagieren. Diese Zahlen sollten dann beispielsweise dazu genutzt werden, um die richtige Tageszeit für die Postings festzulegen.

Unter der Statistik Personen kann man sich seine eigene Community etwas genauer ansehen. Detaillierte Informationen zur Demografie, wie z.B. Geschlechtsverteilung, Altersstufen, Sprachen und Region können hier abgerufen werden. So ist eine noch stärkere Personalisierung des eigenen Contents möglich!

Tipps und Tricks auf Facebook

In diesem Abschnitt sind einige Tipps und Tricks für erfolgreiches Online-Marketing auf Facebook aufgelistet.

- Aktives Folgen von Blogs, Podcasts oder Kanälen zum Thema Social-Media-Marketing, gerne auch in Fremdsprachen
- Rechtliche Fallstricke abklären
- Die Tipps von Facebook selbst lesen: https://www.facebook.com/business/pages
- Branchenspezifische Kategorie wählen, dann gibt es personalisierte Einstellungsmöglichkeiten
- So viele Informationen wie möglich, wie z.B. Internetseite, Shop-Adresse, etc. direkt bei Social Media hinterlegen.
- Erstellen einer benutzerdefinierten Facebook-Internetadresse

- Reiter in der Navigation und Sidebar nach Relevanz für die Community sortieren
- Facebook-Seite verifizieren
- Mitarbeiter, Freunde und Bekannte dürfen als Like-Generatoren genutzt werden, um mehr Reichweite zu bekommen
- Bewerben der Social-Media-Kanäle (nicht nur Facebook) über andere Kanäle und offline
- Fanpages, Gruppen und Influencer einbinden
- Meilensteine mit der Community feiern
- Sprache der Zielgruppe sprechen
- Kommentare, Fragen sowie Bewertungen beantworten!
- Exklusive Rabatte und Angebote über Social Media verbreiten
- Community einbeziehen, zur Content-Produktion, und Eingehen auf Fragen, Kritik und Anmerkungen
- Erstellen eines Posting-Plans
- Alle Abteilungen eines Unternehmens mit einbeziehen
- Umfragen starten und Gleichgesinnte suchen
- Ausprobieren!
- Gezielte Werbung schalten (paulhaensel.de für Hilfe)

Marketing mit Pinterest

Pinterest ist noch eine vergleichsweise kleine Plattform und verzeichnet aktuell 322 Mio. Nutzer weltweit, übrigens überwiegend weiblich. Durch die starke Wachstumstendenz, vor allem im Bereich Fashion, Beauty, Accessoires, Food und Haustiere, lohnt es sich, Pinterest als Social-Media-Plattform auf dem Schirm zu haben.

Suchmaschine Pinterest

Wer sich genauer mit Pinterest auseinandersetzt, wird feststellen, dass es keine klassische Social-Media-Plattform ist, sondern eher den Charakter einer Suchmaschine aufweist. Hier sucht der Nutzer nach Ideen für Do it yourself, Dekoration, Basteln, Handwerk – aber auch nach Produkten in diesem Bereich und in den Bereichen Mode, Schmuck, Beauty und vielen mehr!

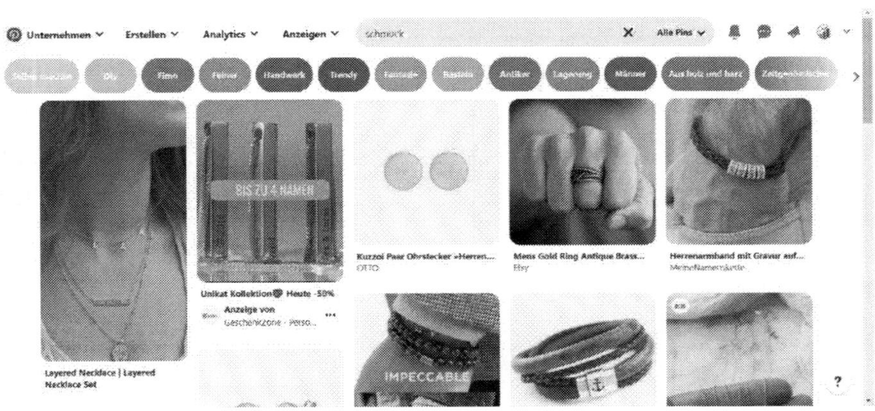

Abbildung 20: Suchmaschine Pinterest

Die soziale Komponente ist auf einen Kontakt von Nutzer zu Nutzer nur per Mail möglich. Pins können allerdings bewertet und kommentiert werden sowie an die eigene Pinnwand gepinnt werden.

Auf Pinterest kann man sich beliebig viele Pinnwände anlegen. Bei dem Stöbern durch den Feed, den Pinterest aufgrund der bisherigen Pins generiert, kann man für sich selbst interessante Pins speichern, indem man sie in eigenen Pinnwänden „pinnt“.

Abbildung 21: Business Hub bei Pinterest

Dies bedeutet, dass die Hauptaufgabe von einem Creator auf Pinterest darin besteht, optisch ansprechende Pins zu gestalten. Die Interaktion sind fast immer Links zu einer Website, ob Shop, Blog, oder einer anderen Form von Landing-Page, auf der dann der Pin beschrieben wird oder die Anleitung zum Basteln oder Nachkochen gefunden werden kann.

Wer es also geschafft hat, seinen Pin mit einer aussagekräftigen Beschreibung zu versehen und mit Hashtags auszustatten, die von der Zielgruppe oft auf Pinterest gesucht werden wird mit seinem Pin immer und immer wieder angezeigt. Da jeder Nutzer eine Pinnwand erstellt und die Nutzer gegenseitig die Pinnwände einsehen können, verteilen sich die Pins sehr schnell auf Pinterest.

Dies ist etwas anders als der Feed von Instagram oder Facebook, da hier neuere Postings angezeigt werden. Bei Pinterest kann man mit der entsprechenden Suche auch Pins finden, die schon mehrere Wochen, Monate oder gar Jahre alt sind. Der Content auf Pinterest ist also deutlich weniger schnelllebig als auf den anderen sozialen Netzwerken.

Bei der ersten Anmeldung auf Pinterest muss der Nutzer verschiedene Interessen und Themen auswählen, denen er folgen möchte. So wird der Start-Feed zusammengestellt, der sich später immer mehr personalisiert und auf die Interessen des Nutzers abstimmt. Dennoch ist jederzeit eine Suche nach bestimmten Gebieten und Schlagwörtern möglich.

Traffic

Pinterest ist sehr gut dafür geeignet, Leute auf die eigene Website zu ziehen und auch langfristigen Traffic zu generieren (auch mit älteren Pins). Hinter Pinterest steht die Idee einer „virtuellen Pinnwand", auf der der Nutzer alle seine Webfundstücke mit Link zur Website speichern kann. Es ist also möglich, von einer beliebigen Webseite ein Bild in einen Pin auf Pinterest zu verwandeln und sich so Dinge zu merken, beispielsweise Rezepte oder Bastelideen. So können zukünftige Inhalte für die spätere Recherche gespeichert werden.

Alle Unternehmen oder auch Influencer sollten – wenn sie Pinterest nutzen möchten – als erstes die eigene Website verifizieren. So werden alle Pins, die von der eigenen Website gepinnt werden von allen fremden Pinterest-Nutzern mit der eigenen Website und dem eigenen Konto verknüpft und auch in den Suchanzeigen weiter oben angezeigt. So ist schon durch ein inaktives Pinterest-Profil trotzdem mehr Reichweite möglich.

Abbildung 22: Bei Pinterest verifizieren.

Um nun tracken zu können, wie dieses inaktive Profil Reichweite generiert, ist nur noch das Einfügen eines Schnippsels (ähnlich dem Facebook-Pixel) nötig. Dazu mehr im Unterkapitel „Funktionen für Unternehmen".

Pins

Die Pins bilden also das Herzstück von Pinterest und bei der Gestaltung sollte man sich viel Mühe geben, um den Nutzern zu gefallen und so Klicks und Repins zu generieren. Mehrere Pins zum selben Produkt, welche auf dieselbe oder eine ähnliche Landing-Page verlinken, sollten in regelmäßigen Abständen geteilt werden, sodass die Anzahl der Pins, mit denen man selbst gefunden werden kann, größer ist. Das erhöht die Chance, wirkliche Reichweite mit Pins zu generieren.

Um ansprechende Pins zu gestalten, können heutzutage die vielen kostenlosen Design-Apps genutzt werden. Canva ist eine gute Möglichkeit hierzu und wird ganz klar von uns empfohlen, da es sehr benutzerfreundlich ist und man als Einsteiger schon in kurzer Zeit schöne Grafiken erstellen kann. Hier gibt es aus direkt Vorlagen für Pinterest, die man nutzen kann. Man sollte generell darauf achten, dass Pins mit gut leserlicher Schrift und übersichtlich gestaltet sind,

sodass dem Nutzer, der durch Pinterest scrollt, sofort ins Auge springt, was er von dem Pin erwarten kann. Hier kommst du auf Canva:
https://partner.canva.com/socialmedia

Abbildung 23: Canva Tool

Das Bewerten und Repinnen, also das Speichern der Beiträge, generiert ebenfalls Traffic, da man einzelnen Nutzern auf Pinterest auch folgen kann. So entdeckt man immer wieder neue Pins, die diese Nutzer als interessant auf ihre eigene Pinnwand gepinnt haben.

Pinterest gibt klare Empfehlungen dazu, wie die Pins auszusehen haben, beispielsweise in Höhe und Breite der Bilder. Dies lohnt sich, immer mal wieder auf Pinterest direkt nachzulesen, um so auf dem neuesten Stand zu bleiben:

https://business.pinterest.com/de/Pinterest-content-tips

Pinterest Storys

Ein vergleichsweise neues Tool sind die Storys auf Pinterest, die prinzipiell ähnlich funktionieren, wie Instagram oder Snapchat Storys.

Auf Pinterest können so bis zu 20 Storypins erstellt werden. Für jeden dieser Pins kann ein individueller Link als Ziel festgelegt werden und auch das Hinzufügen

von Videos in den Pinterest Storys ist möglich:
https://help.pinterest.com/de/business/article/story-pins

Zu bemerken ist, dass die Storypins auf dem Handy, Tablet, oder PC anders dargestellt werden.

Gruppenboards

Ähnlich wie die Facebook Gruppen sind auch Pinterest Gruppenboards ein Ort, wo sich Gleichgesinnte versammeln. Dort kann das Pinnen von den eigenen Produkten, wenn sie zur Thematik der Gruppe passen, viel Traffic und eine hohe Reichweite generieren.

Zu beachten sind in jeder Zeit die Regeln, die der Administrator für die Gruppenboards festlegt. Diese könnten beispielsweise lauten, dass pro Mitglied nur ein Pin täglich erlaubt ist.

Pinterest Ads

Auch auf Pinterest ist das Werben mit bezahlten Anzeigen möglich. Diese neue Funktion wird zur Zeit noch recht selten verwendet, was nicht unbedingt nachteilig sein muss, denn als einer der ersten, die mit Pinterest Ads werben, bekommt man auch mehr Reichweite und die Community freut sich immer über Neuerungen in der App, da diese so interessant bleibt.

Pinterest Ads sind leicht anzuwenden und unterscheiden sich in der Funktion weitestgehend nicht von den Ads auf anderen Plattformen, gerade wenn schon Vorkenntnisse aus den Facebook Ads bestehen, sind die Pinterest Ads schnell verständlich. Stattdessen sind sie als eine Kombination mehrerer Möglichkeiten eine lohnende Werbequelle. Das Targeting kann dabei nicht ganz so umfangreich, wie bei Facebook oder Google, vorgenommen werden. Gerade die CPC-Preise (Werbekosten) sind bei Pinterest noch vergleichsweise "günstig".

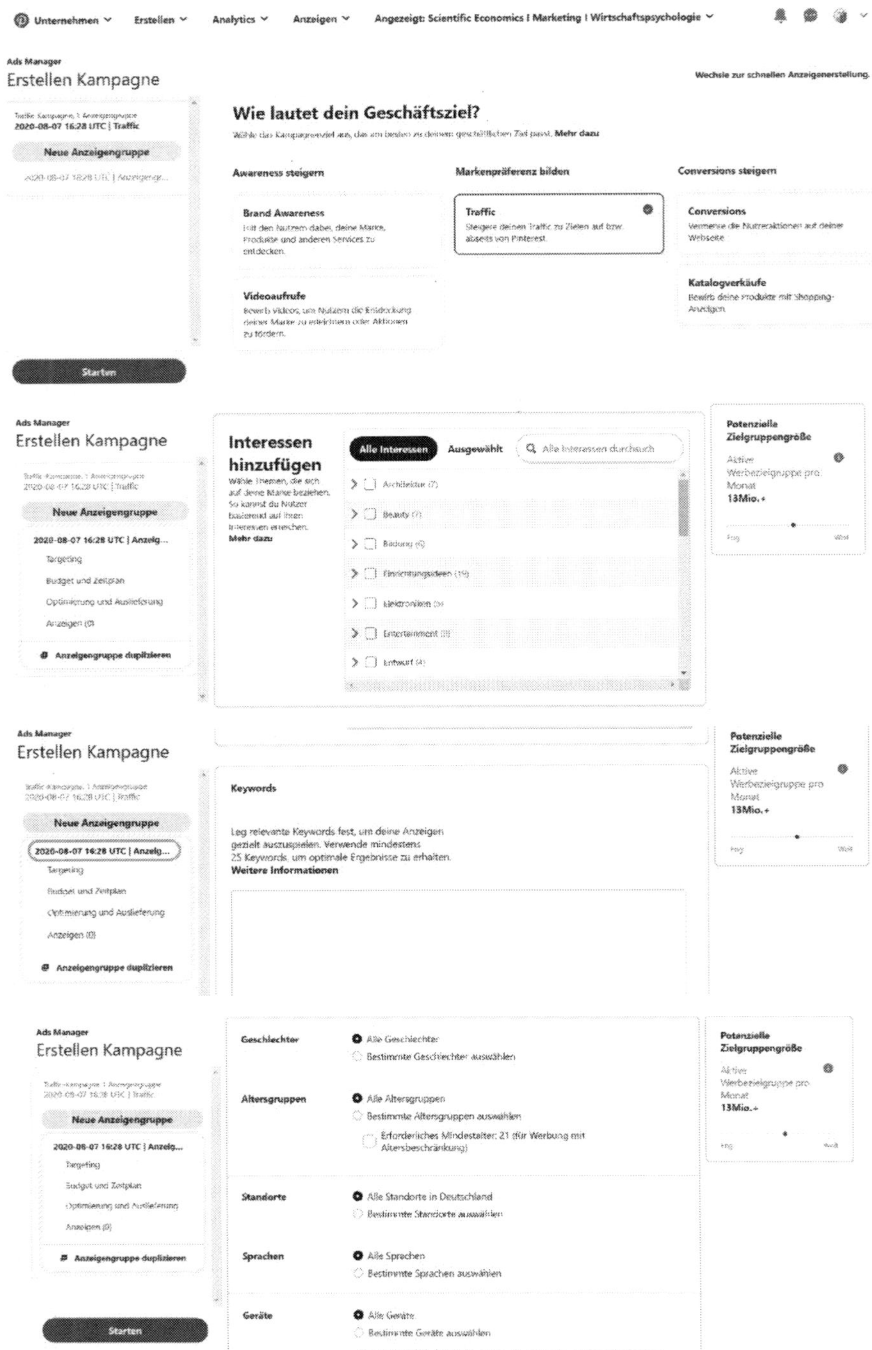

Abbildung 24: Pinterest Ads

1:4-Verhältnis

Regelmäßiges Posting und Pflegen des Pinterest-Accounts ist genauso entscheidend, wie auf jeder anderen Social-Media-Plattform. Hier kann die 1:4-Regel angewendet werden. Dies besagt, dass auf einen eigenen Pin das Repinnen von 4 fremden Pins folgen sollte. Natürlich können, wenn mehrere eigene Pins täglich gepinnt werden sollen, einfach 4x mehr fremde Pins repinnt werden.

Dies erfreut nicht nur den Algorithmus, sondern steigert im Idealfall auch die eigene Reichweite extrem, da so andere Pinner auf einen aufmerksam werden und vielleicht die eigenen Produkte und Pins repinnen.

Beauty-Funktion „Try on"

In den USA ist vor kurzem das Feature „Try on" auf Pinterest online gegangen. Damit können beispielsweise Lippenstiftfarben direkt „anprobiert" werden. Dazu wird die Kamera geöffnet und die Farbe legt sich – ähnlich eines Filters – über die Lippen.

Bisher nur in den USA anzuwenden, wird diese Funktion höchstwahrscheinlich bald auch im europäischen und deutschen Pinterest zur Verfügung stehen.

Verknüpfung der Konten

Instagram, Pinterest, YouTube oder Facebook: Ein Verknüpfen der verschiedenen Konten miteinander ist heutzutage oftmals möglich und sollte durchaus in Betracht gezogen werden. Dennoch bleibt anzumerken, dass alle dieser sozialen Netzwerke im Kern zwar ähnlich, im Detail aber oft unterschiedlich funktionieren, beziehungsweise mit unterschiedlichem Content befüllt werden wollen.

Instagram beispielsweise ist auf schöne Bilder ausgelegt, die den Benutzer beeindrucken und emotional berühren. Pinterest-Nutzer möchten mehr von einem Bild erfahren. Hier lohnt es sich oftmals, mit Text im Bild zu arbeiten. Dennoch können beispielsweise ganz einfach YouTube Videos auf Pinterest geteilt werden. Ohne Mehraufwand kann man eine größere Zielgruppe erreichen. Man muss nur den YouTube Kanal mit Pinterest verbinden.

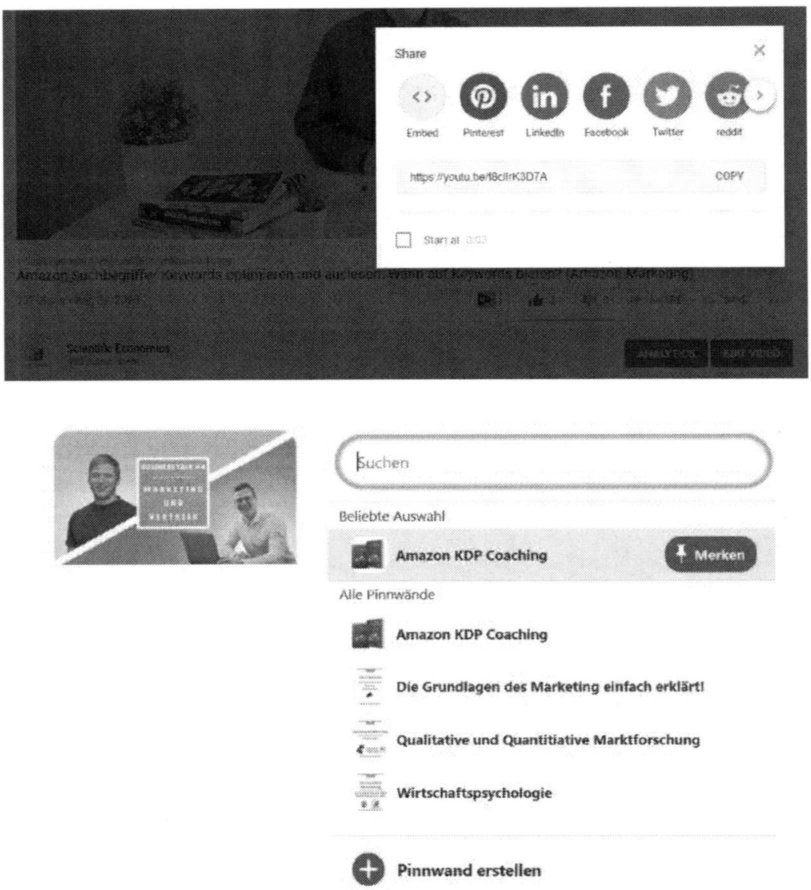

Abbildung 25: YouTube Werbung auf Pinterest

Funktionen für Unternehmen

Auch auf Pinterest gibt es die Möglichkeit, ein Unternehmens-Konto anzulegen. Hierbei stehen einem dann zusätzliche Funktionen zur Verfügung, um die Pins noch interessanter und abwechslungsreicher zu gestalten.

Website verifizieren

Der Meta-Tag, der in den Einstellungen vom Pinterest-Profil gefunden wird, ist in die Website einzubinden. Wenn dies erledigt ist, ist die Website verifiziert und der Zugriff auf die Pinterest Analytics ist gegeben. Das funktioniert auch für alle Pins, die nicht von einem selbst sondern von unabhängigen Nutzern gepinnt wurden, wie weiter oben im Kapitel „Traffic“ schon erklärt wurde. Hierdurch erhält das Unternehmen mehr Aufmerksamkeit, indem beispielsweise an jedem Pin das Firmenlogo angezeigt wird.

Rich Pins

Diese Pins enthalten zusätzliche Informationen, die als Metadaten hinterlegt wurden. Hier kann der Nutzer schon direkt auf Pinterest relevante Informationen finden, die die Entscheidungen beeinflussen können. Es gibt vier Arten von Rich Pins, die mit einem passenden Call-to-Action ausgestattet werden können:

1. Produkt-Pin: Zeigt den aktuellen Preis, die Verfügbarkeit und den Shop

2. Rezept-Pin: Zeigt die Zutatenliste, unterteilt in Kategorien, plus Zubereitungszeit und Portionsgröße

3. Artikel-Pin: Zeigt die Überschrift und den Autor des Artikels, sowie eine ausführliche Beschreibung

4. App-Pin: Zeigt relevante Informationen, z.B. welches Betriebssystem die App benötigt

Rich Pins werden durch das Einfügen des Meta-Tags in die Webseite eingefügt. Die notwendigen Informationen sind zumeist schon auf der Website hinterlegt, sodass der Pin nur validiert werden muss, ehe er gepinnt werden kann.

Das Tool von Pinterest, mit dem Rich Pins validiert werden können, ist unter: developers.pinterest.com/tools/ Rich Pins Validator zu finden.

Merken-Button (Pin-it-Button)

Prinzipiell ist der Pin-it-Button der rote Merken-Button von Pinterest selbst. Man kann es den Nutzern aber auf der eigenen Website einfacher machen, sich Inhalte auf Pinterest zu pinnen. Hierzu kann vom Nutzer selbst eine Browser-Erweiterung installiert werden oder aber vom Unternehmen selbst der Merken-Button auf der Homepage hinzugefügt werden.

Unter developers.pinterest.com kann der Widget Builder verwendet werden. Dieser führt einen durch die verschiedenen Schritte, die notwendig sind, um einen Merken-Button auf der eigenen Website zu hinterlegen. Dieser Button kann in verschiedenen Formen genutzt werden.

Der „Hover-Button“ erscheint nur dann, wenn der Nutzer den Mauszeiger über einem bestimmten Bild hält.

„Alle Bilder“ bedeutet für den Button, dass beim Klick auf diesen eine Auswahl aller Bilder der Webseite erscheint, aus der der Nutzer nun diejenigen wählen kann, die er pinnen möchte.

„Ein Bild“ bedeutet, dass auf einem einzelnen Bild der Website, oder mehreren Einzelbildern ein Merken-Button hinterlegt wird.

Widget

Ein Widget ist ein Programm, das in ein anderes Programm integriert wird. Dadurch ist es möglich, die Inhalte von Pinterest direkt auf der eigenen Website einzubinden. So ist eine starke Verknüpfung von Content Marketing mit Pinterest möglich.

Shopping-Funktion

Noch nicht in Europa verfügbar, ist die Pinterest Shopping-Funktion. Diese sollte man aber dennoch im Blick behalten, da sie spannende Möglichkeiten für die Vermarktung direkt über Pinterest bietet!

Content auf Pinterest

Egal, ob ein Unternehmen Pinterest für sich nutzen möchte oder ob es für einen Influencer interessant ist, einfach drauf los zu pinnen, ist auch bei Pinterest keine gute Idee. Auch hier sollte – wie immer und überall in Social Media – die Zielgruppe im Vordergrund stehen, sodass gezielt auf diese abgestimmte Inhalte bei Pinterest hochgeladen werden können.

Ein Organisieren in verschiedenen Pinnwänden (Boards) sollte im Vorfeld geplant werden. Dies stellt sicher, dass keine Unordnung im Profil besteht. Beispielsweise können Unternehmen, die Kleidungsstücke verkaufen, ein Board erstellen, auf dem die Produkte präsentiert werden und auf einem weiteren Board könnten Fashion-Ideen oder Outfit-Vorschläge mit den eigenen Produkten gepinnt werden. Oder man erstellt ein Board mit DiY-Ideen aus den eigenen Produkten, was auf Pinterest extrem gut ankommt. Upcycling oder auch Hacks mit den Produkten, Vorschläge und andere Arten der Anwendung – hier sind der Fantasie keine Grenze gesetzt.

Keywords sollten – ganz im Sinne der SEO – für alle Pins definiert werden. Nicht vergessen: Pinterest ist im Großen und Ganzen eine Suchmaschine und funktioniert nach den gleichen Kriterien des SEO wie Google. Auch die Angabe von Hashtags kann helfen, ein besseres organisches Ranking zu erzielen.

Beim Pinnen von Pins von der eigenen Webseite sollte auf das Format geachtet werden. Falls dies in Pinterest nicht gut angezeigt wird, lohnt es sich, einen eigens für Pinterest kreierten Pin zu erstellen und diesen dann auf die Homepage zu verlinken. Dies wird die Nutzer eher ansprechen, als ein halb abgeschnittener Pin von der Website.

Pins können öffentlich gemacht oder geheim gehalten werden. Hier ist, gerade wenn es um die eigene Recherche geht, das Pinnen von möglicherweise interessanten Pins zuerst auf einem geheimen Board eine gute Idee. So kann später entschieden werden, wo der Pin thematisch am besten dazu passt oder ob sich die Eröffnung eines neuen Boards anbietet.

Pinterest Analytics

Zuletzt soll noch erwähnt werden, dass auch Pinterest für Unternehmen die Funktion der Analytics hat, die auch unbedingt genutzt werden sollte, um mehr über die eigene Zielgruppe, die Interaktionen und Reichweite der eigenen Beiträge zu erfahren.

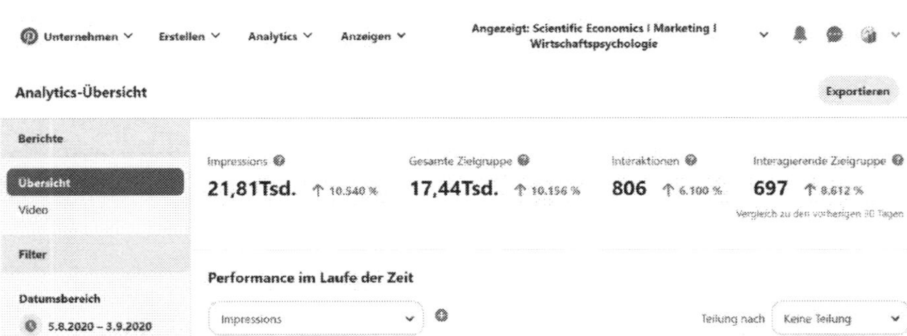

Abbildung 26: Pinterest Analytics

Besonders die Audience Insights geben wieder schöne Einblicke in die Eigenschaften der Follower:

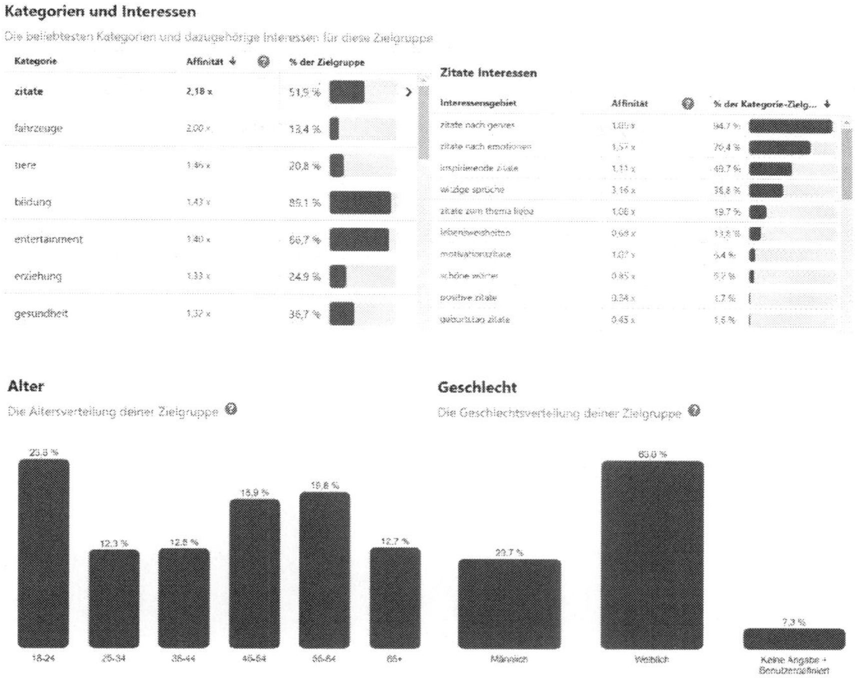

Abbildung 27: Pinterest Analytics

Grundsätzlich unterscheidet sich aber die Analyse nicht von derjenigen auf Facebook oder Instagram, weshalb an diesem Punkt auf die vorherigen Kapitel verwiesen werden soll.

Marketing mit YouTube

YouTube ist die Online-Plattform, auf der am meisten Videos angesehen werden. Es gibt wenig Konkurrenz zu YouTube und täglich nutzen mehr als 1 Mrd. Menschen aktiv die Video-Plattform.

Beeindruckende Zahlen sind unter anderem, dass durch YouTube mehr Menschen im Alter von 18-49 Jahren erreicht werden, als durch alle Nachrichtensender und das Kabelfernsehen zusammen. Auch bevorzugen viele Menschen ein Erklärungsvideo gegenüber einem erklärenden Text. Dies macht YouTube auch zur zweitgrößten Suchmaschine, die hervorragende Möglichkeiten zur SEO und zur Reichweitengenerierung des Unternehmens gibt.

Unternehmen oder Influencer können auf YouTube nun ein sogenanntes Brand Konto erstellen, um einen Kanal zu eröffnen, auf dem Videos hochgeladen werden können. Dies kann in den Einstellungen der Plattform selbst geschehen.

SEO für Videos

Da es sich, wie schon gesagt, bei YouTube um eine Suchmaschine handelt, sind die Grundlagen des SEO zu berücksichtigen. Hierzu zählt das Aufbereiten der Videos mit allen relevanten Metadaten, wie: Videotitel, Beschreibung, Markierungen, Kategorien, Thumbnails und Tags.

Die Metadaten sollten prägnant, zutreffend und kurz formuliert werden, sind jedoch niemals zu vernachlässigen, da schlampig ausgefüllte Metadaten zu einem schlechteren Ranking und einer schlechten Auffindbarkeit des Videos führen.

Videos sollten außerdem getagt werden. Mit den Tags erreicht man eine höhere Reichweite, verlinkt das Video mit ähnlichen Videos und erreicht die passende Zielgruppe durch die Verwendung von Tags, die zu dieser passen. Die maximale Anzahl an Zeichen kann dabei ruhig ausgeschöpft werden.

Abbildung 28: YouTube Tags

Aber auch der Kanal an sich ist nicht zu vernachlässigen. Dies wird mit der Bezeichnung „Channel Trust“ beschrieben. Je höher die Veröffentlichungsfrequenz, das Engagement des Influencers oder Unternehmens, die Zahl der Abonnenten, sowie das Alter des Kanals haben Einfluss auf das Ranking.

Um den Kanal also „vertrauenswürdig“ zu gestalten, sollte Wert auf die Beschreibung gelegt werden. Auch ein ansprechender Header und ein gutes Profilbild sind von Vorteil. YouTube rät außerdem dazu, eine Art Trailervideo zu erstellen, das Nicht-Abonnenten angezeigt wird, wenn diese den Kanal besuchen.

Im Titel der einzelnen Videos kann mit Klammern oder Emojis gearbeitet werden, wenn dies zum Stil des Unternehmens und der Zielgruppe passt. Solche Videos performen oft besser als Videos mit einem eher langweiligen Titel.

Auch Sprungmarken sind eine Möglichkeit, das Video interessant zu machen. Hier werden in der Videobeschreibung die Zeitstempel eingesetzt, um das Video sozusagen zu unterteilen. Nutzer können dann direkt zu dem Punkt springen, der sie interessiert. Dadurch fängt man auch Nutzer ein, die eine sehr spezifische Fragestellung haben und im Zweifel, statt des ganzen Videos zu gucken, lieber weiter nach einem kürzeren Video suchen würden.

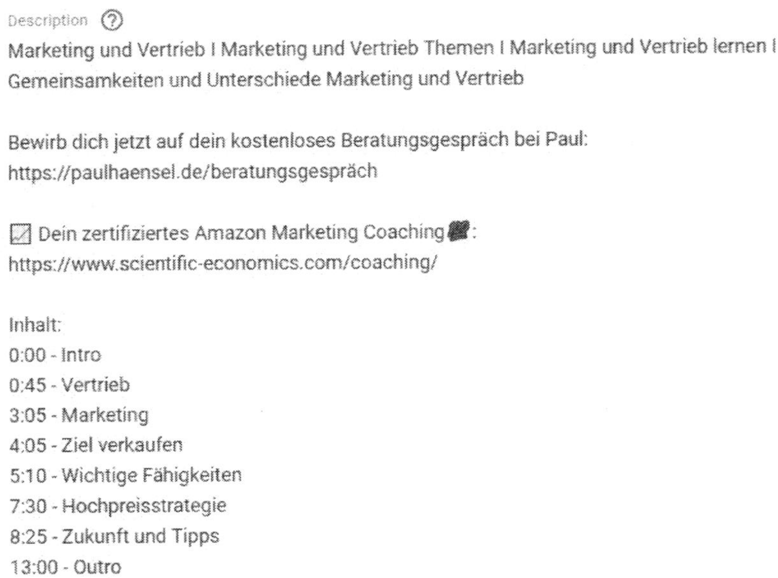
Description
Marketing und Vertrieb I Marketing und Vertrieb Themen I Marketing und Vertrieb lernen I Gemeinsamkeiten und Unterschiede Marketing und Vertrieb

Bewirb dich jetzt auf dein kostenloses Beratungsgespräch bei Paul:
https://paulhaensel.de/beratungsgespräch

Dein zertifiziertes Amazon Marketing Coaching:
https://www.scientific-economics.com/coaching/

Inhalt:
0:00 - Intro
0:45 - Vertrieb
3:05 - Marketing
4:05 - Ziel verkaufen
5:10 - Wichtige Fähigkeiten
7:30 - Hochpreisstrategie
8:25 - Zukunft und Tipps
13:00 - Outro

Abbildung 29: YouTube Beschreibung

Besonders relevant für das Ranking sind neben dem Titel die ersten Zeichen der Videobeschreibung. Dort sollten die wichtigsten Keywords zu sehen sein, da der YouTube Algorithmus auch danach sucht.

Abbildung 30: YouTube SEO

Thumbnail

Das Thumbnail-Bild ist dasjenige Bild, das in den Suchergebnissen angezeigt wird. Sozusagen also das Titelbild des Videos. YouTube empfiehlt das Format mit 1280 x 720 Pixel für ein passendes Thumbnail. Man sollte sich immer für ein eigens erstelltes Thumbnail entscheiden, statt die Vorschläge zu nutzen, die

YouTube anhand des Videos kreiert, da das Thumbnail als erstes Aushängeschild des Videos gilt und der Nutzer nur ein Video anklicken wird, dessen Thumbnail ihm auch zusagt.

Hier sei der Hinweis erlaubt, sich an die Vorgaben der eigenen Zielgruppe zu halten, sowie ein zum Videothema passendes Thumbnail zu wählen.

Untertitel

Die Untertitel bzw. die Transkription eines Videos ist aufwändig, aber durchaus eine Überlegung wert. Hier können wichtige Keywords ebenfalls platziert werden, um effektives SEO zu betreiben. Die Untertitel werden anhand einer Datei, ggf. mit Timecodes, hochgeladen oder direkt während der Videowiedergabe manuell eingegeben.

Das Untertiteln kann man im Video-Manager auswählen. Unter "Upload Subtitels/CC" kann man den Untertitel hinzufügen.

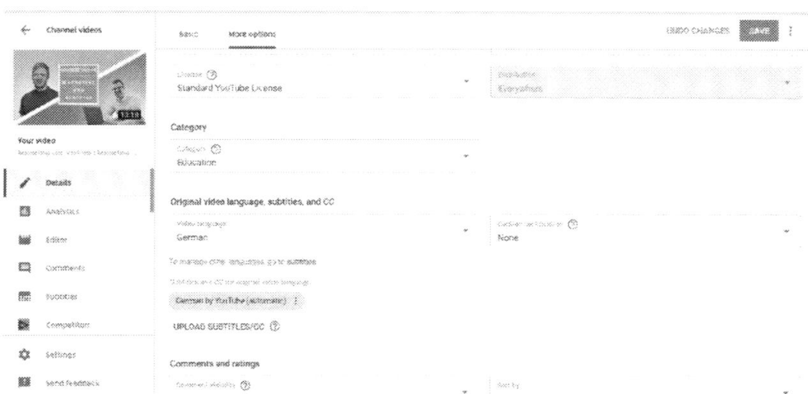

Abbildung 31: YouTube Untertitel

Infokarten und Abspann

Im Editor können auch bis zu fünf Infokarten in ein Video eingefügt werden. Diese werden als Overlay über dem Video angezeigt und können dazu genutzt werden, Zusatzinformationen anzugeben, den Nutzer zu befragen oder eine andere Interaktion als Call-to-Action einzubauen.

Auch der Abspann kann genutzt werden, um die Follower auf weitere Videos, andere Kanäle, die eigene Website oder andere, für die eigene Community interessante, Inhalte hinzuweisen. Hier können auch beispielsweise Links zu externen Webseiten eingebettet werden, sobald man die nötigen Voraussetzungen erfüllt hat. Die anderen Infokarten kann und sollte man von Anfang an nutzen.

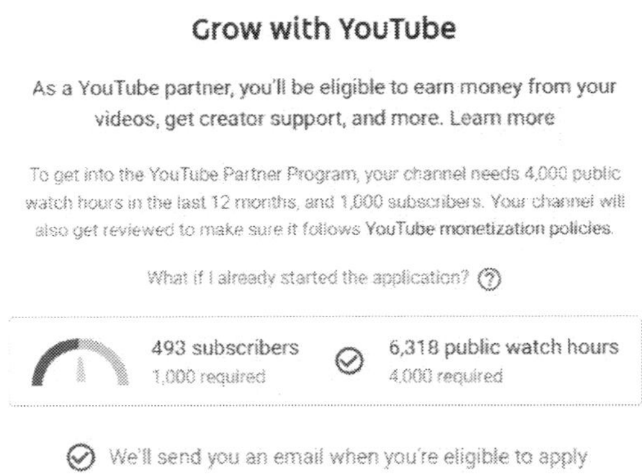

Abbildung 32: YouTube Partner

Playlist

Ähnlich wie ein Themenboard auf Pinterest können mehrere YouTube-Videos in einer Playlist gesammelt werden. Hier können zum Beispiel LetsPlayer alle Videos zu einem bestimmten Spiel in chronologischer Reihenfolge speichern oder ein Unternehmen sammelt Erklärvideos zu den Produkten jeweils in verschiedenen Playlists.

Arten von Videos

Generell kann auf YouTube alles hochgeladen werden, was den Richtlinien der Plattform entspricht. Hier gilt: Alles, was zum Unternehmen oder dem Influencer und der eigenen Zielgruppe passt, ist erlaubt. Mögliche Videoarten könnten sein:

- Erfahrungsberichte von Kunden
- Vlogs (Videoblogs), Follow me around (FMA), Q&A (Frage-und-Antwort-Videos)
- On-Demand-Produktpräsentationen
- Informationsvideos und Tutorials
- Interviews
- Fallstudien oder Projekte
- LetsPlays
- Live-Videos, Livestreams
- Eventvideos
- Screencasts

Natürlich sollte vor dem Erstellen des Contents ein kleines Drehbuch geplant werden, bei dem einige Dinge festgelegt werden, wie beispielsweise: Storyboard und Text, zusätzliche Multimedia-Elemente (z.B. eingesetzte PowerPoint-Präsentationen), Videolänge oder Location.

Auch die Technik sollte vorher durchdacht werden und bei Bedarf zusätzliches Material gekauft werden. Natürlich ist auch das Filmen mit einer Handykamera, oder einer preisgünstigen Vlog-Kamera möglich – hier gilt wieder: Content und Technik sollten auf die Zielgruppe und das Unternehmen zugeschnitten sein.

Ein wichtiger Tipp bei der Erstellung von hochwertigem Content: Man sollte immer mehr Material filmen als eigentlich notwendig. Im Zweifel lohnt es sich, manche Szenen direkt ein zweites Mal aufzunehmen, sodass nicht im Nachhinein unter erheblichem Mehraufwand eine verwackelte Szene nachgedreht werden muss.

Das Ansehen von Videos der Konkurrenz ist hierbei sehr gut geeignet, um sich Inspiration für die eigene Darstellung einzuholen.

YouTube Analytics

Die Analytics von YouTube unterscheiden sich nicht grundlegend von denen der anderen Social-Media-Plattformen. Anfangs mag die Zurechtfindung etwas komplex erscheinen, doch auch hier können Kennzahlen wie Interaktion, wann die Videos angesehen wurden und wie lange (Wiedergabezeit), Zugriffe, Likes, Kommentare und auch die demografischen Kennzahlen eingesehen werden. Unter anderem können dort auch Traffic-Quellen bestimmt und Interaktionsberichte angezeigt werden.

Die Wiedergabezeit, also wie lange die Nutzer das Video wiedergegeben haben, ist einen zweiten Blick wert. Über eine hohe Wiedergabezeit, die der Nutzer durchschnittlich bei dem Video investiert hat, gelingt es, das Ranking in den Suchanzeigen zu verbessern.

Videos, die eine Länge ab 8:20 Minuten aufweisen, ranken laut einer Studie besser, da die Wiedergabezeit höher ist, als bei kürzeren Videos. Hier kommt es nun darauf an, die Viewer im Video zu halten, da gerade bei längeren Videos der Content überzeugen muss, dass man sich das Video länger ansehen möchte.

Dies gelingt durch eine prägnante Einleitung, die den Mehrwert des Videos für den Zuschauer herausstellt, sein Interesse weckt und Neugierde entfacht. Ganz wichtig ist, dass das Gesprochene zum Titel des Videos passt. Reißerische Titel versprechen vielleicht mehr Klicks, aber die Abbruchrate ist sehr hoch, da die Zuschauer recht schnell merken, dass das Versprochene mit dem Video nicht erfüllt wird.

Wichtig ist, sich nicht von der Komplexität der Analytics abschrecken zu lassen. Sie bieten eine hervorragende Möglichkeit, die Leistung der einzelnen Videos zu bewerten und die Performance der eigenen Videoproduktion zu verbessern und immer weiter auf die eigene Zielgruppe abzustimmen.

YouTube Ads

Werbekampagnen auf YouTube sind eine hervorragende Möglichkeit, mehr Reichweite zu bekommen. Abgerechnet wird zumeist pro Klick und hängt von der Popularität der Keywords ab. Man kann ein Tagesbudget festlegen. Ist dieses erreicht, wird die Anzeige erst am nächsten Tag oder im nächsten Abrechnungszeitraum erneut angezeigt. Es gibt ähnlich viele Targetingmöglichkeiten wie bei Facebook. Man sollte beim Zielvorhaben für Kampagnen immer Kampagne ohne Zielvorhaben auswählen, damit man in der Anzeigengruppe alle Einstellungsmöglichkeiten hat. Auch beim Kampagnentyp bietet es sich meistens an, die benutzerdefinierte Videokampagne auszuwählen. Dann kann man in der Anzeigengruppe noch alle Möglichen Einstellungen vornehmen.

Kampagne

Mit einem Google AdWords-Konto kann auf YouTube auch, auf Basis jedes beliebigen Videos des eigenen Kanals, eine Kampagne erstellt werden. Mehr dazu im Kapitel „Google AdWords“.

Abbildung 33: YouTube Ads

TrueView Video Discovery

Diese Anzeige wird in den Suchergebnissen von YouTube angezeigt, sowie auf der Startseite und unter den Vorschlägen für ähnliche Videos. Das Video wird aufgerufen, sobald auf die Anzeige geklickt wird.

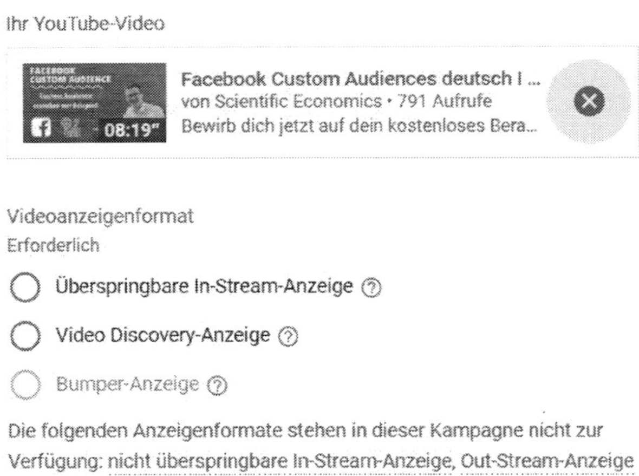

Abbildung 34: YouTube Video Anzeige

In Stream

Dies sind Werbeanzeigen, die in ein YouTube-Video eingebettet sind, also zumeist davor abgespielt werden. Bei Videos, die länger als 10 Minuten dauern, können die In-Stream-Anzeigen auch während des Videos eingebettet werden. Darin können Overlays mit Texten hinterlegt werden. Längere Videoanzeigen können in der Regel nach fünf Sekunden übersprungen werden.

Bumper Ads

Dies sind kurze Werbevideos, die exakt sechs Sekunden lang sind. Dafür können Bumper Ads auch nicht übersprungen werden. Es ist also eine gute Möglichkeit, einen Werbespot zu generieren, den der Nutzer komplett ansieht, ohne die Möglichkeit zu skippen. Man sollte sich also für seine sechs Sekunden Werbezeit eine kurze und prägnante Botschaft aussuchen.

Am besten funktionieren klare kurze Aussagen, die zum Unternehmen passen, eine Emotion an den Betrachter vermitteln und auf einzigartige Weise unterhalten. Gerade in dieser kurzen Zeit ist die Kreativität gefragt.

Klickt der User auf die Bumper Ad, so wird er auf eine beliebige Landing-Page geleitet, die vorher festgelegt werden kann.

Algorithmus

Ein kurzes Wort zum Algorithmus von YouTube. Neben den weiter oben schon angesprochenen Faktoren, die das Ranking des Videos verbessern, wie z.B. SEO und Wiedergabezeit, wird auch die soziale Komponente zunehmend wichtiger, um ein gutes Ranking zu erreichen.

Hier zählt vor allem die Interaktion der Nutzer mit den einzelnen Videos. Ein Video, dass viele Kommentare und Likes hat und oft geteilt wurde und der Kanal im Nachgang sogar abonniert wird, wird von YouTube registriert und honoriert.

Was du beim Youtube-Video Upload beachten solltest

Lade regelmäßig Videos auf YouTube hoch

Regelmäßigkeit ist ein wichtiger Aspekt, den du nicht unterschätzen solltest. Ein Kanal, in dem nur zwei oder drei Videos vorzufinden sind, die in einem Abstand von einem Monat hochgeladen wurden, machen keinen guten Eindruck.

Lege ein oder zwei Tage in der Woche fest, an denen du ein Video hochlädst. Dabei sollte es sich immer um den/die gleichen Wochentag/e handeln, damit deine Abonnenten wissen, wann sie mit neuem Content rechnen können.

Follower bleiben dir nur treu, wenn sie in regelmäßigen, kurzen Abständen mit neuen Videos versorgt werden. Auch wenn du zu Anfang nur wenige Klicks, Kommentare und Abos hast, ist es wichtig, trotzdem am Ball zu bleiben. Viele Kanäle werden erst gar nicht erfolgreich, weil sie nicht geduldig genug sind. Der ausbleibende Erfolg demotiviert und die Videos bleiben aus.

Eine ausbleibende Reaktion ist aber kein Zeichen dafür, dass deine Videos nicht gut sind. Natürlich könnte das ein Grund dafür sein. Stehst du aber am Anfang ist es wahrscheinlicher, dass deine Reichweite noch zu gering ist. Neben der Quantität solltest du aber auch die Qualität deiner Videos nicht vernachlässigen.

Achte auf die Qualität deiner YouTube-Videos

Die ersten Sekunden eines Videos entscheiden, ob der Zuschauer weiter klickt oder es sich bis zum Ende ansieht.

Um mit Youtube Geld zu verdienen, reicht nicht nur eine hohe Klickzahl. Auch die Zeit, die User dafür aufwenden, um deine Videos zu gucken, wird gemessen. Es bringt dir also nichts, eine vielversprechende Überschrift inklusive Thumbnail zu zeigen, inhaltlich und qualitativ dann aber nichts zu liefern.

Die meisten Nutzer werden einfach weiter klicken und dir im schlechtesten Fall einen Dislike oder einen negativen Kommentar hinterlassen. Um mit Youtube

Geld zu verdienen, reicht es also nicht nur, die Aufmerksamkeit einer potentiellen Zielgruppe zu gewinnen, sondern sie auch an sich, seinen Kanal und seine Videos zu binden. Das schaffst du mit einer guten Qualität deiner Videos.

Das richtige Equipment für YouTube

Viele Handys haben heutzutage eine qualitativ hochwertige Kamera integriert. Wenn du nicht sofort in ein neues Gerät investieren willst, kannst du ruhig erst einmal dein Smartphone benutzen. Aber Achtung! Filme hier stets im Querformat, sonst erscheinen beim Hochladen des Videos unschöne schwarze Streifen an den Rändern und der Ausschnitt des Videos ist winzig.

Besorge dir außerdem ein Stativ oder einen Selfiestick, je nachdem, was du mit dem Handy filmen möchtest.

Ein Stativ bietet sich für Let's Plays, Vlogs und Tutorials aller Art an. Machst du eher eine Roomtour oder ein Follow Me Around bietet sich ein Selfie Stick sehr gut an. Beides sind hervorragende Hilfsmittel, nicht sehr teuer und verleihen deiner Aufnahme deutlich mehr Qualität als das simple Filmen per Hand.

Wenn du direkt richtig loslegen möchtest oder wirklich erfolgreich auf Youtube werden möchtest, kommst du um größere Anschaffungen nicht herum.

Kameras gibt es heutzutage schon zu wirklich erschwinglichen Preisen. Auch hier besorgst du dir am besten schon Stativ und Selfiestick dazu.

Am praktischsten sind hier kleine Kameras, die du auch gut unterwegs mitnehmen kannst. Ihre Qualität ist wirklich ausgesprochen gut und sie eignen sich auch für das Filmen von zuhause aus.

Wenn du von Vorherein weißt, dass du nur Zuhause filmen wirst, musst du dir natürlich kein handliches Modell zulegen. Hier empfiehlt sich eine Kamera, die etwas sperriger ist, dafür aber im Preis oder in der Qualität besser ist.

Richtig professionell wird es mit der passenden Beleuchtung. Besonders Beauty Videos sind auf gutes Licht angewiesen. Aber auch Koch Videos kommen ohne das richtige Licht nicht aus. Denn die richtigen Lichtverhältnisse lassen ein Video direkt freundlicher und ansprechender erscheinen.

Natürlich kannst du, wenn du die Fähigkeiten dazu besitzt, in der Videobearbeitung die Lichtverhältnisse so bearbeiten, dass du zufrieden mit dem Ergebnis bist.

Du kannst dir aber unnötige Arbeit sparen und in den meisten Fällen ein besseres Ergebnis erzielen, wenn du dir entsprechende Foto- und Videobeleuchtung und Reflektoren zulegst. Auf diese Weise kannst du immer ein Video drehen und bist nicht darauf angewiesen, ob die Sonne scheint oder nicht.

Für Video- und Fotoproduktionen geeignete Lampen stellen beispielsweise das Tageslicht nach. Reflektoren können das Licht so lenken oder abblenden, wie du es brauchst. In einem Zimmer zur Nordseite erscheint beispielsweise dein Gesicht blass und fahl, obwohl es das gar nicht ist. Die richtige Beleuchtung verhindert dies und lässt deine Videos viel besser aussehen.

Der Bearbeitung deines Videos

Ein äußerst wichtiger Punkt in Sachen Qualität ist auch die Bearbeitung deines Videos. Hier ist auch wieder die Frage, was der Inhalt deiner Videos ist.

Allgemein ist es so, dass die Aufmerksamkeitsspanne der meisten Zuschauer sehr kurz ist. Vor der Kamera frei zu sprechen wird dir vor allem am Anfang schwerfallen. Du wirst öfter einmal den Faden verlieren oder Füllwörter wie „ähm“ oder „öh“ benutzen.

Würdest du alles an einem Stück, ohne Schnitt, hochladen, wären deine Zuschauer sehr schnell gelangweilt und würden das Interesse verlieren.

Daher benutzen viele Youtuber Jump Cuts. Du schneidest hierbei sehr radikal. Du kannst sogar mitten im Satz einen Schnitt setzen, insofern dieser dann noch einen Sinn ergibt. Auf diese Weise kannst du alle Informationen in deinem Video kompakt zusammenfassen. Durch die schnellen Schnitte bleiben auch deine Zuschauer auf Zack und verlieren nicht ihre Aufmerksamkeit.

Du musst natürlich nicht ganz so radikal verfahren. Vor allem bei Let's Plays gibt es kaum Schnitte. Lediglich am Anfang und am Ende, wenn du die anderen User noch einmal direkt adressierst. Während des Let's Plays würdest du nur einen Schnitt setzen, wenn beispielsweise deine Konsole beim Spiel abgestürzt ist. Aber auch hier kannst du Teile drin lassen. Erinnere dich hierbei wieder an das Thema Pannen im Zusammenhang mit Authentizität.

Auch bei einem längeren Vlog über ein ernstes Thema sind Schnitte nur notwendig, wenn du wirklich den Faden verlierst oder denkst, dass du nur Unsinn redest.

Jump Cuts dienen mehr dem Entertainment und einer kompakten Zusammenfassung dessen, was du erzählen hast.

Möchtest du aber sehr ausführlich sein und ins Detail gehen, sind wenige Schnitte durchaus angebracht. Schaue dir ruhig einige Videos an und bekomme ein Gefühl dafür, wann Schnitte verwendet werden und wann nicht.

Auch das Intro gehört zur Videobearbeitung dazu. Dabei erstellst du einmal eine Datei mit deinem Intro und behältst dieses dann erst einmal bei. Eine Änderung des Intros erfolgt lediglich, wenn du deine Videobearbeitungs-Fähigkeiten erheblich verbessert hast und in der Lage bist, ein wesentlich besseres Intro zu erstellen.

Das Intro insgesamt sollte so kurz wie möglich sein. Ein 20-Sekündiges Intro lässt die Viewer schnell abschalten, weil du nicht schnell genug zur Sache kommst. Ein sogenannte Cold-Opener ist hier eine gute Möglichkeit, das Interesse der Konsumenten nicht zu verlieren.

Bei einem Cold-Opener startest du direkt mit einer kurzen Szene aus deinem Video. Das kann eine kleine Panne sein, eine kurze Begrüßung, ein Teaser auf ein Gewinnspiel oder etwas Anderes, was neugierig macht. Diese Sequenz geht allerdings recht kurz. Anschließend folgt dein Intro. Dort erwähnst du entweder den Namen des Formats oder den Namen deines Kanals. Für die Videobearbeitung selbst gibt es eine endlose Zahl an Programmen. Viele davon sind umsonst, andere davon kosten natürlich auch etwas.

Für eine professionelle Bearbeitung muss, über kurz oder lang, ein kostenpflichtiges Programm her. Für den Anfang reichen aber natürlich Anwendungen wie der Windows Movie Maker. Sei dir aber darüber im Klaren, dass du mit einem hochwertigeren Programm allein beim Intro viel mehr Möglichkeit und kreativen Spielraum hast.

Rechtliche Hinweise

Dein Intro, einige Tutorials und Vlogs und auch Comedy-Videos werden gerne und oft mit Musik unterlegt. Hierbei solltest du auch wieder auf Lizenzen achten. Es gibt eine Menge Interseiten, die dir kostenlos Soundtracks und Sounds zur Verfügung stellen. Hier liest du wie bei den Bildern genau nach, ob diese Soundtracks nur kostenlos sind, wenn du sie unkommerziell benutzt, also mit deinen Videos kein Geld verdienst. Eine beliebte Seite, um Musik für dein Video kostenlos herunterzuladen, ist die Youtube Music Library. Auch bei den Schriften, die du für deine Videos, das Intro oder im Thumbnail verwendest, solltest du stets auf die Lizenzen achten.

Hier ist es am einfachsten, wenn du dir ein Font Bundle zu einem kleinen Preis kaufst. So entgehst du auf jeden Fall der Gefahr, dich strafbar zu machen. Schriften, die in den Bearbeitungsprogrammen enthalten sind, sind in den meisten Fällen auch gefahrlos zu verwenden. Aber auch hier ist es ratsam, noch einmal die rechtlichen Bestimmungen durchzulesen. Das ist der lange Text, der bei der Installation erscheint, kurz bevor man auf „Akzeptiere ich“ oder „Ich habe die Bedingungen gelesen und akzeptiere sie“ klickt.

Marketing mit Google

Google hat, durch das Schalten von Werbeanzeigen, sehr großes Potenzial, was die Generierung von Reichweite und Traffic betrifft. Als größte Suchmaschine weltweit wird Google täglich von Milliarden Menschen genutzt und das Wort „googeln“ steht sinnbildlich für das Suchen im Internet.

Google hat mit den Google Ads (früher Google AdWords) ein Angebot geschaffen, das für das Werben in der Suchmaschine perfektioniert ist. So werden Werbeanzeigen genau dann angezeigt, wenn der Nutzer nach dem Angebot sucht. Anzeigen stehen hierbei über den regulären Suchergebnissen und werden mit dem Wort „Anzeige“ gekennzeichnet. Hierbei zahlt das Unternehmen nur dann, wenn die Anzeige auch angeklickt wird.

Auch die individuelle Festlegung eines Budgets ist möglich und wenn im Abrechnungszeitraum, meist festgelegt auf einen Monat, die Obergrenze an Klicks erreicht ist, wird die Anzeige bis zum nächsten Abrechnungszeitraum von Google nicht mehr geschaltet.

Abbildung 35: Budget und Datum festlegen bei Google Ads

Zielgruppe

Google Ads verlangen eine sehr genaue Definition der Zielgruppe, denen die Werbung angezeigt werden darf. Hier wird nach dem Regeln der SEO eine Anzeige gestaltet, die sehr spezifische Anforderungen an die Suche stellt und daran, wann die Anzeige als passend dem Nutzer präsentiert werden kann. Eine genaue Definition der eigenen Zielgruppe macht eine Anzeige über die Google Ads also sehr einfach und unkompliziert möglich.

Auch die Reichweite einer Anzeige kann bestimmt werden. So kann es für ein Restaurant sinnvoll sein, die geschaltete Werbeanzeige nur in einem Umkreis von wenigen Kilometern den Suchenden anzeigen zu lassen.

Abbildung 36: Standorte und Sprache bei Google Ads

Wie bei Facebook bekommt man an der rechten Seite angezeigt, wie groß die aktuelle Zielgruppe ist. Die Größe der Zielgruppe hängt natürlich von den gewählten Einstellungen ab. Über Einstellungen bei den Nutzern und beim Content kann man die Zielgruppe weiter einschränken.

Abbildung 37: Personen und Content

Ziele

Auch die Ziele der Anzeige können klar definiert werden. Mögliche Ziele könnten sein:

- Mehr Aufrufe
- Mehr Ladenbesuche
- Mehr Website-Zugriffe
- Mehr Anrufe im Unternehmen
- Mehr bestimmte Aktionen auf der Website

Feedback durch Google

Google liefert regelmäßiges Feedback, Tipps und Informationen zur geschalteten Anzeige. Auch wird diese für noch bessere Ergebnisse automatisch verbessert und weiter optimiert. Das Unternehmen wird bei der Erstellung der Anzeigen durch Google unterstützt, sodass eine bereits nach SEO optimierte Anzeige erstellt wird, die auf die Zielgruppe und die Ziele des eigenen Unternehmens perfekt abgestimmt ist.

Kampagnen

Mit dem Wort "Kampagnen" wird die grundlegende Art der Google Ads-Werbung bezeichnet. Unterscheiden lässt sich zwischen drei Typen.

Suchkampagnen sind gewöhnliche Textanzeigen, die in den Google-Suchergebnissen präsentiert werden.

Displaykampagnen sind zumeist Bilderanzeigen auf Websites oder in Apps.

Videokampagnen sind Videoclips mit einer Länge von sechs bis 15 Sekunden, die auf YouTube geschaltet werden können.

Erweiterte Kampagnen

Zu den erweiterten Kampagnen zählen vier Kategorien.

Die **Suchnetzwerk**-Kampagnen bestehen aus dem Schalten der Suchanzeigen, also der klassischen, textbasierten Werbung in der Google-Suche. Hier muss ein Ziel definiert, eine Region festgelegt und das Budget bestimmt werden, bevor die Werbekampagne, bestehend aus mehreren Anzeigen, online gehen kann.

Die **Shopping**-Kampagnen sind dazu da, Produkte aus dem Online-Shop zu bewerben und in den Google Shopping-Ergebnissen anzeigen zu lassen.

In den **Displaynetzwerk**-Kampagnen werden auch Nutzer erreicht, die andere Google-Dienste verwenden oder im Internet auf verschiedenen Websites unterwegs sind, wie beispielsweise Gmail, Blogs, Nachrichtenseiten, YouTube und vieles mehr.

Die **App**-Kampagnen bewerben Apps auf Google, in YouTube und im Google Play Store. Die Google-Technologie optimiert die Anzeigen für die App-Kampagnen, sodass sie auf allen Endgeräten formschön angezeigt wird.

Einfaches Marketing?

Das Werben mit Google Ads ist, durch die Unterstützung durch den Konzernriesen Alphabet, eine vergleichsweise einfache Art, die allerdings mit stetigen Kosten verbunden ist. Ob sich Google Ads für einen selbst oder für ein Unternehmen rentieren, ist im Zweifel individuell zu entscheiden und sollte je nach Zielgruppe, verfügbares Budget und Zielsetzung geplant werden. Google bietet meistens zu Beginn einen Gutschein an, der für neue Werbetreibende eingelöst werden kann: https://bit.ly/3m8NGNo. Dazu muss man zurzeit den Newsletter abonnieren und bekommt einen 75€ Gutschein, wenn man 25€ in das Werbebudget investiert hat. Mit den insgesamt 100€ Startguthaben kann man erste Erfahrungen auf Google sammeln.

Kurzvorstellung anderer Plattformen

TikTok

TikTok ist eine chinesische Social Media-Plattform, die auf das Abspielen von Videos spezialisiert ist. Kurzvideos mit einer Dauer von meist 15 Sekunden bis zu einer Minute können dort von den Nutzern konsumiert, geliked, geteilt und kommentiert werden.

TikTok wächst in letzter Zeit so rasant an, dass es trotz des jungen Alters inzwischen über 87 Millionen mal heruntergeladen und auf Endgeräten installiert wurde. Über 5,5 Millionen dieser Nutzer kommen aus Deutschland.

Die Zielgruppe von TikTok ist definitiv die junge Generation, von ca. 13 bis 18 Jahre, doch auch bei den sogenannten Millennials – bis ca. 30 Jahre – verzeichnet TikTok Riesenerfolge.

Die Funktionsweise von TikTok ist dabei sehr simpel. Nutzer laden Videos hoch, die entweder direkt mit der App aufgenommen oder später damit bearbeitet werden. Es gibt eine Reihe interessanter und kurioser Filter, die genutzt werden können, um das Video aufzuhübschen oder bestimmte Effekte zu erzielen.

Hochgeladen wird meist unter einem passenden Hashtag. Oftmals entwickeln sich daraus populäre TikTok-Trends oder Challenges, sodass viele Nutzer dieselbe Melodie für die Videos verwenden und sich sozusagen gegenseitig zu einer Challenge herausfordern.

Ähnlich wie auf Instagram kann auch auf TikTok geliked, kommentiert, geteilt und dem Influencer-Profil direkt gefolgt werden. TikTok ist – zumindest aktuell – allerdings noch schnelllebiger als Instagram, es geht um den rein unterhaltenden Wert. Ein langatmiges Geschichtenerzählen wird auf TikTok kaum gut ankommen. Unterhaltende Videos aber auch Videos, die Mehrwert bieten, sind hingegen sehr beliebt und erfolgreich.

TikTok-Trends entwickeln sich schnell, kommen aber oftmals ebenso schnell wieder aus der Mode. Wenn also einer dieser Trends genutzt werden soll, heißt es schnell sein und Content dazu produzieren, bevor der Hype abflacht. Generell wird empfohlen, zweimal täglich Content auf TikTok zu posten, um eine besonders gute Reichweite zu erzielen.

Gerade Insight Storys (siehe Kapitel „Visual Storytelling“) können auf TikTok umgesetzt werden, untermalt mit ansprechender Musik und prägnanten Botschaften. So ist gerade im 2. Quartal des Jahres 2020 die Bewegung „Black Lives Matter“ auf TikTok extrem stark vertreten und wird durch viele Videos und Beiträge in Social Media in den Fokus und die Köpfe der Menschen gerückt.

TikTok für Unternehmen

Die App bietet mit ihrem neuen Angebot „TikTok für Unternehmen“ eine Lösung für Geschäftskunden also Unternehmen, die über TikTok mit Kurzvideos werben wollen. Produkte wie Branded Effects, Hashtag Challenges und Brand Takeovers werden hierin vereint. TikTok bietet auch einen gut ausgebauten Hilfebereich, wo die von TikTok angebotenen Marketing-Praktiken bestmöglich für die eigenen Ziele eingesetzt werden können: https://support.tiktok.com/de.

Auch der Einbezug der TikTok-Community ist möglich und hilfreich, da das von der Community produzierte Videomaterial für die eigenen Werbezwecke genutzt werden kann.

For-You-Page

Der TikTok Video-Feed ist in zwei Teilbereiche gegliedert. Der Nutzer kann sich einerseits auf der „Folge ich“-Seite die Postings der Influencer ansehen, denen er auf TikTok folgt und auf der „Für dich“-Seite (englisch: For-You-Page) werden, aufgrund der Inhalte, die bisher geliked wurden, neue Videos von Influencern angezeigt, denen man einerseits bereits folgt, aber auch von bisher unbekannten

Influencern, denen der Nutzer noch nicht folgt. Die App analysiert quasi das Nutzerverhalten und schlägt Clips vor, die dem Nutzer gefallen könnten. So wird auch die For-You-Page immer personalisierter.

Ziel für alle auf TikTok aktiven Influencer ist es, auf der For-You-Page aufzutauchen und sich somit die Chance auf neue Follower zu sichern.

TikCode

Eine interessante und einfache Art, in anderen Social-Media-Kanälen den eigenen TikTok-Kanal zu promoten und zu teilen, bietet der TikCode. Diesen findet man im Profil, kann ein Foto davon direkt auf dem Handy speichern und dieses dann beispielsweise bei Instagram, Facebook oder über andere Kanäle teilen, sodass man es der eigenen Community leicht macht, einen auf TikTok zweifelsfrei zu finden.

Filter, Effekte und Musik

TikTok bietet eine Reihe an interessanten Möglichkeiten, die eigenen Videos zu bearbeiten und aufzuhübschen.

Einerseits kann die Geschwindigkeit direkt bei der Aufnahme eines Videos über den Geschwindigkeitsregler eingestellt werden. So sind gleichermaßen Zeitlupenvideos und Zeitraffer möglich.

Spezielle Filter, wie z.B. Beauty-Filter, Farbfilter oder verschiedene Effekte können direkt bei der Aufnahme oder auch im Nachhinein über die Videos gelegt werden.

Auch ein Timer kann eingestellt werden. So filmt die App automatisch, ohne den Finger am Auslöser zu behalten, für die eingestellte Zeit mit.

Die Soundfunktion ist ebenfalls eine von TikToks Markenzeichen. Als Tanz- und Lipsync-Video-Plattform lebt TikTok von den einzelnen Soundsequenzen.

Oftmals wissen die Nutzer von TikTok schon allein am gehörten Sound, um welche Art von Video es sich handelt, von welcher Challenge es stammt und was von dem Video erwartet werden kann.

Zu guter Letzt können auch Textblöcke, Sticker und weitere Filter über die Aufnahme gepackt werden, um so ein einzigartiges, individuelles Werk zu erschaffen, dass dann nur noch veröffentlicht werden muss, um mit der breiten TikTok-Community geteilt zu werden.

Hashtags

Hashtags sind auch auf TikTok das Mittel der Wahl, um von der eigenen Zielgruppe gefunden zu werden. Außerdem markieren die Hashtags die einzelnen Challenges und Nutzer können für sie interessanten Hashtags folgen, um keinen Beitrag zu verpassen, der unter dem Hashtag gelistet wird.

Unter den TikTok-Challenges wird verstanden, dass ein Nutzer ein Hashtag vorgibt und eine Aufgabe dazu stellt. Andere Nutzer können nun ihre persönliche Umsetzung unter diesem Hashtag hochladen. So wird schnell und einfach Reichweite generiert und auch die Erstellung eines eigenen Brand Hashtag ist für ein Unternehmen oder einen Influencer eine perfekte Möglichkeit, sich abzusetzen.

Duett-Funktion

Der Vorgänger musical.ly hatte eine Funktion integriert, die TikTok übernommen hat. Mit dieser ist es möglich ein Video, welches einem besonders gut gefällt, zu duetten. Dazu tippt man auf „Teilen“ und kann dann die Funktion „Duett“ auswählen. Im fertigen Video liegen dann beide Videospuren mit derselben Tonspur nebeneinander.

Damit lassen sich viele hervorragende und kreative Ideen umsetzen oder auch auf das Video eines Nutzers mit einer Frage / Anregung antworten. Auch Erklärvideos können so aufgebaut werden.

Auch Challenges arbeiten mit der Duett-Funktion. Gerade im Bereich Cosplay und Schauspiel kann die Duett-Funktion sehr gut für Sketches genutzt werden.

Twitter

Die Plattform Twitter zeichnet sich durch das Teilen kurzer Statements in Satzform aus, die maximal 280 Zeichen umfassen. Twitter ist eher nicht darauf ausgelegt, Bilder und Videos zu teilen. Genutzt wird Twitter von weltweit ca. 316 Millionen Menschen, davon entfallen je nach Erhebung 5 bis 11 Millionen auf deutsche Nutzer.

Abbildung 38: Twitter

Als Marketingplattform eignet sich Twitter vor allem dann, wenn man mit kurzen, prägnanten Sätzen bei seinen Followern ankommen will oder Twitter gemeinsam mit anderen Kanälen nutzt. Hierüber können Neuigkeiten schnell und effektiv verbreitet werden. So kann beispielsweise auf Twitter für die anderen Kanäle geworben werden, es kann den Followern mitgeteilt werden, wann ein neues Produkt online geht, wann ein Posting erscheinen wird oder wann und auf welcher Plattform ein geplanter Livestream stattfindet.

Von seinen Followern auf Twitter erwartet man zumeist Retweets, Kommentare und andere Interaktionen. Hier liegt also der Fokus, wie so oft bei Social Media, auf der sozialen Komponente, dem Miteinander zwischen Followern und einem Influencer oder Unternehmen.

Marketing mit Twitter kann in Form von Tweets erfolgen, aber auch über Direct Messages, die Nutzer persönlich erreichen oder indem man über Twitter Inhalte, wie Blogposts, teilt. Wichtig ist, dass Twitter zur eigenen Marke und der Zielgruppe passt!

Auch bei Twitter wird Hashtags eine besondere Bedeutung zugemessen, da diese Plattform mit zu den ersten gehörte, die diese Art der Kategorisierung von Postings verwendet hat. Gerade das Generieren von Brand Hashtags, die die Kunden dann weiterverwenden können, garantiert eine hohe Reichweite und die Erwähnung in vielen Tweets.

Gerade zu Anfang der eigenen Twitter-Karriere kann man den Ball noch flach halten und eher den anderen Nutzern folgen, deren Postings retweeten und in Diskussionen einsteigen. So hält man vor allem im Blick, was die Nutzer interessiert, welche Themen gerade aktuell sind und wo es die breite Masse hinzieht. Um am Firmenimage zu arbeiten, ist Twitter hervorragend geeignet.

Hier kommt es aber vor allem darauf an, schnell zu reagieren. Twitter ist eines der schnelllebigsten Netzwerke und Diskussionen, die heute noch brandheiß sind, sind morgen schon wieder vergessen. Deshalb sollte, gerade wenn man Twitter im Kundensupport anwenden möchte, sofort reagiert werden. Auch ist auf Twitter der Tonfall oftmals sehr angespannt, schnell erregt und angriffslustig. Deshalb ist eine unpolitische, sachliche Tonlage, ein korrekter Schreibstil und – wo möglich – die Untermauerung mit objektiven Statistiken oder Statements wichtig.

Snapchat

Snapchat ist eine Plattform, bei der mit der eigenen Kontaktliste Bilder ausgetauscht werden können, die nur kurzzeitig angesehen werden können, bevor sie wieder verschwinden. Genutzt wird Snapchat von weltweit ca. 100 Mio. Nutzern und inzwischen kann man sich dort als Werbetreibender einkaufen. Mit Kurzvideos, die eine ganz neue Zielgruppe erreichen, kann auf View- oder Festpreis-Basis bei Snapchat geworben werden.

Es ist möglich, seine Kurzclips nur für bestimmte Nutzergruppen zuzulassen, beispielsweise nur für Volljährige, nur Android- oder nur iOS-Nutzer.

Gerade die Vergänglichkeit der Snaps macht den Reiz für viele Snapchat-Nutzer aus. Auch für das Marketing kann dies als Vorteil gelten, da die Nutzer dem Snap oder dem Kurzclip, aufgrund der nur begrenzten Verfügbarkeit, ihre volle Aufmerksamkeit schenken und so die Botschaft dahinter viel eher verstehen, als wenn sie sich durch etwas anderes ablenken lassen würden.

LinkedIn

LinkedIn gehört zu den sozialen Netzwerken im World Wide Web, ist aber, anders wie z.B. Facebook oder Instagram, nicht auf Freizeitbeschäftigung und Hobbies ausgelegt, sondern hat einen ganz klaren Fokus auf geschäftlichen Beziehungen, dem beruflichen Werdegang, Geschäftskontakten und Unternehmensentwicklungen. Auch für die Jobsuche ist LinkedIn nutzbar. Deswegen kann man LinkedIn und Xing zu den B2B Sozialen Netzwerken zuordnen.

Auf LinkedIn können verschiedene Funktionen genutzt werden. Als User kann man dort einen eigenen Lebenslauf anlegen oder Gruppen gründen, bzw. beitreten, die sich in verschiedene Berufe oder berufsrelevante Themenbereiche gliedern. Auch persönliche Nachrichten unter den Nutzern sind beliebt und die Suche nach bestimmten Unternehmen oder deren Angestellten ist möglich. Die Lebensläufe sind für Nutzer frei einsehbar.

Momentan nutzen mehr als 14 Mio. Nutzer aus Deutschland, Österreich und der Schweiz das Portal LinkedIn, was es in diesem Bereich zur führenden Social-Media-Plattform macht. XING ist eine andere Plattform mit ähnlicher Zielsetzung und ein direkter Konkurrent.

Die Anmeldung bei LinkedIn ist vollkommen kostenfrei. Es gibt allerdings Premium-Mitgliedschaften in verschiedenen Paketformen, die kostenpflichtig gebucht werden können.

Lohnend für die eigene Karriere ist LinkedIn vor allem dann, wenn man Kontakte in der Branche knüpfen möchte. Das erklärte Ziel der Plattform ist es, Unternehmen und Selbstständige aus aller Welt zusammenzubringen und einen regen Austausch zu ermöglichen.

Doch LinkedIn kann noch entsprechend mehr. Die Werbeanzeigen, die über LinkedIn geschaltet werden können, erreichen ein anderes Publikum als auf Instagram oder TikTok. Vor allem Unternehmen können sich dort positionieren und ihre Markenbekanntheit steigern oder neue Mitarbeiter gewinnen.

Auch eigene Artikel können über LinkedIn publiziert werden. So kann der eigene Status als Experte auf dem eigenen Fachgebiet gefestigt werden. Die Möglichkeit, Mitglieder unter dem Beitrag zu taggen und Hashtags zu setzen, garantiert eine höhere Reichweite. So entdecken auch Nutzer die Beiträge, die über den ein oder anderen Hashtag stolpern und so bei der eigenen Unternehmensseite auf LinkedIn landen.

Ähnlich wie bei Facebook oder Google kann man auch verschiedene Einstellungen in den Kampagnen und Anzeigengruppen vornehmen.

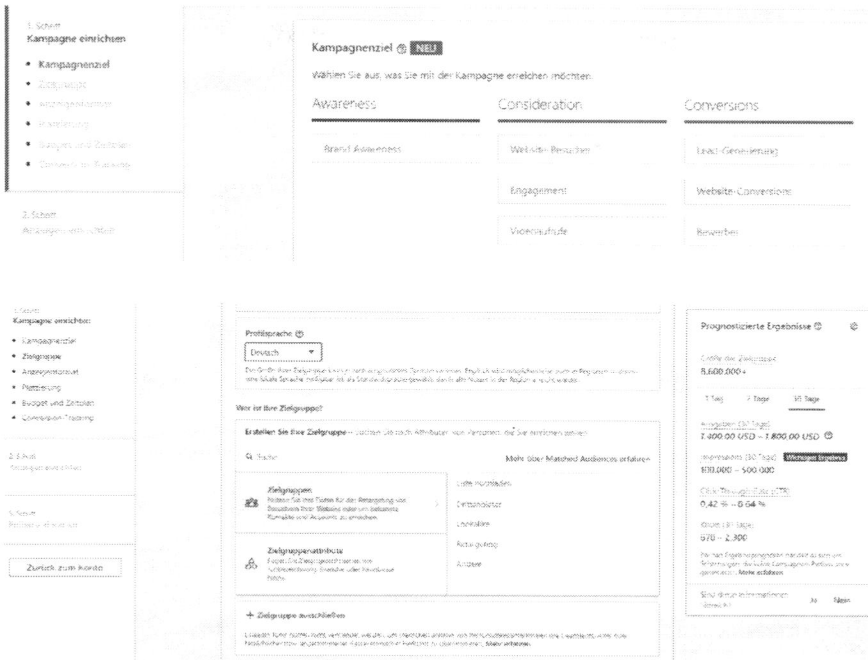

Abbildung 39: LinkedIn Ads

LinkedIn bietet eine Vielzahl verschiedener Anzeigenformate wie:

- ✓ Videos
- ✓ Text
- ✓ Bild und Text
- ✓ Karussell Anzeige
- ✓ und vieles mehr

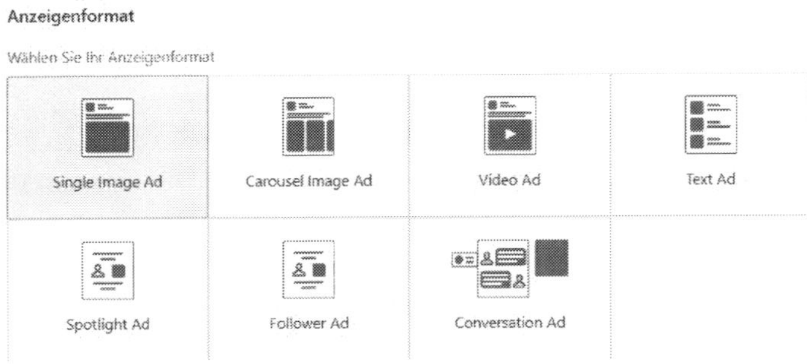

Abbildung 40: Anzeigeformat bei LinkedIn

Die Navigation und das Erstellen von diesen Anzeigen werden durch LinkedIn sehr erleichtert und dem Nutzer einfach gemacht. Eine vielfältige und genaue Erstellung von Werbeanzeigen ist einfach. Das Vorgehen ist auf allen Werbeplattformen sehr ähnlich. Wenn du dich weiter informieren möchtest, reicht es aus, wenn du dir eine Werbeplattform aussuchst und dich mit dieser tiefgreifend beschäftigt. Wie du bereits anhand der Bilder gesehen hast, ist das Vorgehen auf Facebook, Google oder LinkedIn sehr ähnlich.

Amazon

Amazon ist und bleibt in erster Linie ein Kanal, über den Unternehmen ihre Produkte verkaufen können. Da jedoch dies inzwischen weltweit bekannt ist, wird der Konkurrenzdruck auf Amazon immer größer und zwingt die Firmen dazu, sich eine Marketingstrategie für Amazon zurechtzulegen, um sich von der Konkurrenz abzuheben und die Produkte gewinnbringend verkaufen zu können.

Die drei Kategorien des Amazon-Marketings sind:

- SEO auf Amazon
- Werben auf Amazon (mit Amazon Advertising)
- externe Marketing

SEO für Amazon

Amazon funktioniert im Grunde genommen wie eine Suchmaschine. Der Nutzer gibt in die Suchleiste einen Begriff ein und Amazon liefert alle Ergebnisse, die zu diesem Begriff passen. Zumeist wählt der Nutzer nun eines der Ergebnisse, die sehr weit oben ranken. Ziel für Unternehmen, die über Amazon verkaufen wollen, muss also sein, so weit oben wie möglich in den Amazon Suchergebnissen gerankt zu werden.

Prinzipiell gilt für das SEO auf Amazon dasselbe wie für SEO auf Google und Co. Die Wahl der richtigen Keywords, aussagekräftige Produktbeschreibungen mit Informationen, Kommunikation der Vor- und Nachteile, sowie eine gekonnte und strukturierte Präsentation sind essentiell für ein gutes Ranking. Auch bei Menge und Qualität der Produktbilder sollten keine Mühen gescheut werden, da aussagekräftige Produktbilder besser sind als jede noch so detaillierte Beschreibung.

Gute Rezensionen sind für den Verkauf von Vorteil und auch bei den Fragen und Antworten, die auf Amazon eingesehen werden können, sollte sorgfältig auf gute Qualität geachtet werden. Außerdem können auf Amazon verschiedene Produktdetails, wie z.B. Suchbegriffe oder Kategorien, hinterlegt werden, die für die Filternavigation der Suche interessant sind. Letztendlich ist auch ein wettbewerbsfähiger Preis wichtig für ein gutes Ranking. Man sollte also immer im Blick behalten, wie andere Produkte, die mit denselben Keywords ranken, im Preis gestaltet sind und ob man selbst stark darüber oder darunter liegt.

Amazon Advertising

Das Schalten von Werbeanzeigen auf Amazon über den Amazon Marketing Service (AMS), die Amazon Advertising Platform (AAP) und die Amazon Media Group (AMG) ist kostenpflichtig. Hier gibt es verschiedene Varianten, die gewählt werden können, sodass für jeden Shop und jedes Unternehmen eine passende Art der Werbung auf Amazon gefunden werden kann.

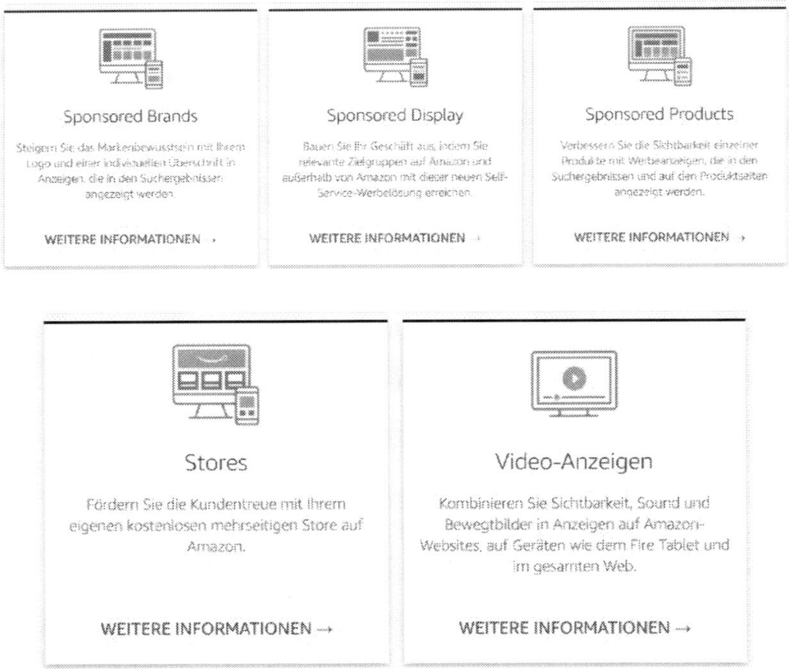

Abbildung 41: Amazon Ads

Natürlich gibt es auch noch Möglichkeiten des nicht gebührenpflichtigen Marketings. Hierzu zählen Rabattaktionen, wie Preisnachlässe, kostenloser Versand, 2-für-1-Aktionen, Giveaways und die Möglichkeit, Rabatt-Codes, die beispielsweise über Social Media verbreitet werden, zu generieren.

Marketing auf anderen Plattformen

Natürlich sollte auf allen Social-Media-Kanälen, die ein Unternehmen nutzt, auf den eigenen Amazon-Shop hingewiesen werden. Hier bietet sich ein Newsletter an oder Werbeaktionen über Facebook, Instagram, oder eine der anderen Plattformen. Ziel sollte sein, die Follower direkt aus Social Media auf die Amazon-Landing-Page zu führen, beispielsweise durch Verlinkungen.

Online Vertrieb

Heutzutage ist die Zeit der Online-Shops definitiv angebrochen. In Ladengeschäfte geht man zwar häufig noch gerne einkaufen, aber der Einfachheit ist es geschuldet, dass viele Menschen exzessives Online-Shopping betreiben, um sich den Einkaufsweg zu sparen oder aufgrund der eigenen Bequemlichkeit.

Auch erreicht man durch einen Online-Shop Kunden, die in zu großer Entfernung zum Ladengeschäft wohnen und die einem, ohne einen Online-Vertriebsweg, durch die Lappen gehen würden. Deshalb ist der Vertrieb der eigenen Produkte durch den Online-Handel eine sehr gute Möglichkeit, den Umsatz zu steigern und weit über lokale Grenzen hinweg bekannt zu werden.

Mit eigenem Webshop

Der Vertrieb im eigenen Webshop ist mit der passenden Software eine einfache und lukrative Möglichkeit. Hier gilt allerdings – wie in den vorherigen Kapiteln schon zu Genüge erklärt – die Auffindbarkeit, die SEO, die generierte Reichweite und die Interaktionen mit den Kunden als erfolgsentscheidend. Man kann den besten Webshop haben, der benutzerfreundlich konzipiert ist und eine hervorragende Performance liefert, jedoch keinen Umsatz generiert, da er im Internet nicht gefunden wird.

Die Bewerbung eines Online-Shops ist also – in allen Bereichen – sehr wichtig und kann über alle Social-Media-Kanäle, sowie über Newsletter, Kataloge, oder Rundschreiben an die bisherige Kundschaft kundgetan werden. Das Bewerben des eigenen Online-Shops mit Facebook Werbeanzeigen wird auch immer populärer. Falls du diesbezüglich eine kostenlose Beratung brauchst, melde dich gerne auf paulhaensel.de.

Shopify

Hinter Shopify verbirgt sich eine E-Commerce-Plattform. Es wird damit geworben, dank der leistungsstarken Tools mehr Kunden zu finden, die Umsätze anzukurbeln und auch die täglich anfallenden Arbeiten im Online-Shop besser abwickeln zu können.

Shopify unterstützt seine Kunden dabei umfassend. Die Erstellung des Shops, die Pflege und Verwaltung wird gleichermaßen unterstützt, wie Marketing, SEO und die Analyse der Daten. Mit Shopify kann nahezu überall verkauft werden.

Individuell

Der Shop ist sehr weit individualisierbar und dank der leichten Einstellungen auch für Laien schnell und einfach erlernbar. Über 70 Themes stehen zur Auswahl, die Produkte können auch über mobile Endgeräte verkauft werden und der volle Zugriff auf HTML und CSS liegt beim Unternehmen selbst, sodass alle Komponenten direkt und selbstständig angepasst werden können.

Warenkorb

Der Shop ist natürlich über ein 256-Bit SSL-Zertifikat verschlüsselt und gewährleistet so den Nutzern höchste Sicherheit. Dem Unternehmen oder Shop-

Betreiber werden einige Funktionen geboten, wie das automatische Generieren von Versandkosten, sowie eine breite Reihe akzeptierter Kreditkarten. Auch abgebrochene Käufe können wiederhergestellt werden, indem den Kunden automatisch eine E-Mail gesendet werden kann, mit der Erinnerung und der Ermutigung, den Kauf abzuschließen.

Verwaltung und Produkte

Auch die Verwaltung von beispielsweise Rücksendungen, Bestellungen, Kunden und Kundengruppen, oder Reklamationen wird durch die Software von Shopify erleichtert. Das Management der Produkte und der Varianten, die Organisation nach Kategorien, Typ, Jahreszeit, Abverkauf, etc. werden vereinfacht.

Und vieles mehr!

Auch beim Marketing, der SEO, dem Hosting und der Analyse wird das Unternehmen von Shopify unterstützt. Google Analytics ist im Online-Shop integriert und liefert eine Reihe detaillierter Grafiken und Analysen, die Rückschlüsse auf die Performance und Reichweite des Shops zulassen.

Support

Für alle Fragen, die nicht gleich zu beantworten sind, bietet Shopify einen Support, der rund um die Uhr erreichbar ist.

Facebook Shop

Der Facebook Shop verbindet die Möglichkeit des Verkaufens mit der einmaligen Art der Präsentation der Produkte, verpackt als Content auf Social Media. Wie im Kapitel „Marketing mit Instagram" bereits erklärt, wird auf dem bei Facebook und Instagram geposteten Content der zu verkaufende Artikel direkt verlinkt und dem Follower werden alle Informationen angezeigt, die benötigt werden.

Durch einen Klick auf das Einkaufstaschen-Symbol wird der Follower nun direkt auf die Seite des Online-Shops weitergeleitet, landet bei dem gewünschten Produkt und kann dieses sofort erwerben, ohne Instagram oder Facebook einmal verlassen zu haben.

Durch die leichte Einrichtung des Shops ist Facebook Shopping eine gute Möglichkeit, der Zielgruppe eine einfache Einkaufsmöglichkeit zu bieten. Durch die Einfachheit ist das Shopping-Erlebnis intuitiv und schnell und höchst zufriedenstellend.

Einrichtung

Der Facebook-Shop wird unter facebook.com/commerce_manager aufgerufen und eingerichtet.

Google my Business

Das Google My Business Konto wird bei der Suche in Google angezeigt und enthält detaillierte Details, die das Unternehmen beschreiben. Kontaktdaten können hier hinterlegt werden, eine direkte Routenplanung ist möglich oder das Kontaktieren des Unternehmens über den „Nachrichten"-Button. Natürlich kann auch vom My Business-Profil auf die Unternehmenswebsite weitergeleitet werden.

Außerdem lässt das My Business-Konto das Hochladen von Fotos und Angeboten zu, die direkt über das Klicken auf das Angebot aufgerufen werden können. So können Rabattaktionen direkt auf Google den Suchenden kenntlich gemacht werden.

Natürlich ist die Analyse der Bewertungen, Klicks, Anrufe, Buchungen, Follower oder andere Kennzahlen einfach möglich.

Amazon

Amazon zählt zu den größten E-Commerce-Plattformen und garantiert, bei richtiger Anwendung, eine hohe Reichweite, da oftmals nach einem Produkt direkt bei Amazon gesucht wird.

Der Amazon Store ist aufgebaut wie eine kleine Website. Das Erstellen mehrerer Unterseiten ist möglich und der Store ist bis zu einem gewissen Grad mit den vorhandenen vorgefertigten Bausteinen individuell zu gestalten.

Beworben werden kann der Shop durch alle bisher aufgelisteten (und auch nicht erwähnte) Möglichkeiten und taucht auch bei Google auf – insofern richtiges SEO betrieben wurde.

Store einrichten

Voraussetzung, um einen Store auf Amazon einrichten zu können, ist eine eingetragene Marke, die über die Amazon Brand Registry registriert und akzeptiert worden ist.

Abgerechnet wird über die Amazon Verkaufsgebühren. Hier wird eine pauschale Versandgebühr pro Einheit berechnet, insofern die Waren bei Amazon gelagert werden und direkt dort versendet werden. Diese Waren sind in Amazon gekennzeichnet als „Versand über Amazon". Die dabei anfallenden Kosten werden auch als Amazon FBA-Gebühren bezeichnet.

Tipps und Tricks

- ✓ Der Amazon Store sollte mit der offiziellen Website des Unternehmens, oder des Influencers, harmonieren. Das Layout sollte sich ähneln, um einen Wiedererkennungswert zu schaffen und es für den Kunden einheitlicher zu gestalten.

- ✓ Inspiration ist in Stores anderer, gut strukturierter Marken zu gewinnen.

- ✓ Kategorien erstellen, z.B. Bestseller, Angebote, NEU, etc.
- ✓ Landing-Pages für die Produkte erstellen, sodass geschaltete Werbung auf eine spezielle, der Werbeanzeige entsprechenden Seite, geleitet wird.

Statistiken

Natürlich bietet auch der Amazon Store eine Reihe von Statistiken, die zur Analyse des Erfolgs herangezogen werden können. Diese Statistiken entsprechen in etwa den in diesem Buch bereits erwähnten Analytics, weshalb an dieser Stelle darauf verwiesen werden soll.

Schlusswort

Am Ende dieses Buches angekommen, sind hoffentlich einige Fragen geklärt worden. Social-Media-Marketing ist ein sehr spannendes und komplexes Thema, das nicht an einem Tag oder mit der Lektüre eines einzelnen Buches erlernt werden kann.

Wir haben versucht einen kurzen Überblick zum Thema Social Media Marketing zu geben. Über jede Social Media Plattform könnte man ein extra Buch mit über 200 Seiten schreiben. Dieses Buch diente dir hoffentlich dabei, einen ersten Einblick in die Möglichkeiten zu bekommen. Vielleicht hat dich eine Plattform besonders angesprochen und du kannst dich jetzt weiter darüber informieren. Deshalb sind nachfolgend einige Link-Tipps und Literaturempfehlungen gelistet, die zur weiterführenden Recherche herangezogen werden können.

Letztendlich sei noch einmal betont, dass es für keine zwei Influencer und keine zwei Unternehmen dieselbe Lösung oder denselben Weg gibt. Social Media ist immer individuell, von den Zielen sowie der Zielgruppe abhängig und auf das Prinzip Try and Error ausgelegt.

Es bleibt eigentlich nur zu sagen, dass man nicht verzweifeln sollte, wenn der Erfolg anfangs ausbleibt. Hier zahlt sich Geduld und Durchhaltevermögen aus und letztendlich sollte Social Media immer auch mit Spaß und Freude verknüpft sein.

Nun wünschen wir dir viel Spaß dabei, all die Tipps und Tricks aus diesem Buch anzuwenden!

Hast du Fragen oder Anmerkungen kannst du uns gerne eine Nachricht an info@mp-onlineconsulting.de senden.

MP CONSULTING
ONLINE MARKETING
DU BRAUCHST HILFE BEI DER UMSETZUNG?
... DANN BESUCHE JETZT UNSERE WEBSITE
MP-ONLINECONSULTING.DE
WIR BRINGEN DEIN ONLINE MARKETING AUF DAS NÄCHSTE LEVEL!

Jetzt auch auf Amazon erhältlich!

Jetzt bald auf Amazon erhältlich

Impressum

ISBN: 9798687876391

Max Mittelstaedt
Curt-Goetz-Str. 23
06132 Halle
Paul Hänsel
Friedrichstraße 117
38855 Wernigerode

Printed in Poland
by Amazon Fulfillment
Poland Sp. z o.o., Wrocław

65093840R00083